力学笃行
善作善成

——党的二十大精神"三进"教学改革研究与实践

主　编／党跃武
副主编／冉桂琼　蒋明霞
编　委／张　磊　刘　黎　龚小刚　吴　迪
　　　　廖爱民　孙克金　杨晓敏　卿　平
　　　　王　哲　李晶莹　林　祎

四川大学出版社
SICHUAN UNIVERSITY PRESS

图书在版编目（CIP）数据

力学力行　善作善成：党的二十大精神"三进"教学改革研究与实践 / 党跃武主编． — 成都：四川大学出版社，2024.3
ISBN 978-7-5690-6735-4

Ⅰ．①力… Ⅱ．①党… Ⅲ．①高等学校－思想政治教育－教学改革－研究－中国 Ⅳ．① G641

中国国家版本馆 CIP 数据核字（2024）第 068036 号

书　　名：	力学力行　善作善成——党的二十大精神"三进"教学改革研究与实践 Lixue-lixing Shanzuo-shancheng——Dang de Ershi-Da Jingshen "San-jin" Jiaoxue Gaige Yanjiu yu Shijian
主　　编：	党跃武
选题策划：	宋彦博
责任编辑：	宋彦博
责任校对：	刘一畅
装帧设计：	墨创文化
责任印制：	王　炜
出版发行：	四川大学出版社有限责任公司 地址：成都市一环路南一段 24 号（610065） 电话：（028）85408311（发行部）、85400276（总编室） 电子邮箱：scupress@vip.163.com 网址：https://press.scu.edu.cn
印前制作：	四川胜翔数码印务设计有限公司
印刷装订：	成都市川侨印务有限公司
成品尺寸：	170 mm×240 mm
印　　张：	16
字　　数：	228 千字
版　　次：	2024 年 5 月 第 1 版
印　　次：	2024 年 5 月 第 1 次印刷
定　　价：	68.00 元

本社图书如有印装质量问题，请联系发行部调换

版权所有 ◆ 侵权必究

扫码获取数字资源

四川大学出版社
微信公众号

前　言

党的二十大报告指出：要坚持教育优先发展、科技自立自强、人才引领驱动，加快建设教育强国、科技强国、人才强国，坚持为党育人、为国育才，全面提高人才自主培养质量，着力造就拔尖创新人才，聚天下英才而用之。在新时代的新征程上，四川大学本科教育教学改革深入贯彻党的二十大精神，践行为党育人、为国育才的初心使命，全面落实立德树人根本任务，坚持有组织的人才培养、有责任的教育创新、有研究的管理服务和有引领的典型示范，为着力造就拔尖创新人才，建设中国特色、世界一流大学迈出坚实步伐。

本书坚持价值塑造、能力培养、知识传授的人才培养定位，坚持学生为根、育人为本的教育教学理念，结合四川大学人才培养实际，扎实推进党的二十大精神和习近平总书记关于教育的重要论述进教材、进课堂、进头脑。全书围绕"以学为中心"的教育教学改革，着力将"五育并举""三全育人"落细落小落实到教育教学全过程，引导教师潜心教书育人、追求卓越教学，在坚定学生理想信念、厚植爱国主义情怀、加强品德修养、增长知识见识、培养奋斗精神、增强综合素质方面下功夫，促进学生德智体美劳全面发展。

本书从理论到实践，从政策解读到案例分析，梳理了教育教学改革中的思路和方法，从培养模式探索、教学管理研究和教学建设实践等方面展示了四川大学在推进党的二十大精神"三进"教育教学改革中的研究和实践成果，以期为广大教育工作者提供参考，共同推动本科教育教学的创新与发展。

目　录

培养模式探索

新文科建设视域下中国特色经济学人才培养的"川大模式"探索与实践
　　——兼论党的二十大精神融入经济学学科建设与人才培养
　　………………………………………………………… 蒋永穆　唐　永 /003
材料类专业高素质人才培养改革与实践 ……… 刘　颖　叶金文　杨劼人 /012
党的二十大精神引领下新医科人才培养的川大华西探索与实践
　　………………………… 柴　桦　王　澎　邹　翎　薛　晖　王坤杰 /020
川大—华为未来技术学院自主可控信息技术创新人才培养方案和实施策略
　　的研究与实践 ………… 刘　辉　赵启军　丁梦蝶　栾新成　王一凌 /036
党的二十大精神指引下生物医学工程本科生科研训练的教学改革初探
　　……………………………………………………………………… 苏葆辉 /047
新时代川大特色生物科学拔尖创新人才培养 ………………………… 张大伟 /057

教学管理研究

抓实"学科+"　坚守"主战场"　唱响"双城记"　做篇"大文章"
　　——四川大学创新人才培养助力成渝双城经济圈建设
　　………………… 党跃武　蒋明霞　胡廉洁　杨皓岚　贾舜宸　文海霞 /067

基于审核评估的大学质量文化建设研究
　　……………………………… 孙克金　李　伟　李　娟　吴雨珊 /073
党的二十大精神融入高校思政课的创新路径探索 ………… 王一凌 /082
"双一流"建设背景下高校基层教学组织实施青年教师助教制度的探索
　　——党的二十大精神"三进"教学改革与管理 ………… 陈艳雯 /090
以党的二十大精神为指引推动基层教学组织建设提质增效
　　………………………… 李　琰　李成容　何　勤　任克柏 /098
专业设置与"就业—招生—培养"联动机制探究
　　………… 丁宇飞　胡廉洁　王　鹏　谭杰丹　白　伟　王苏宁 /106
高校推进党的二十大精神"进教材"建设与管理研究
　　……………………… 王苏宁　王　鹏　白　伟　丁宇飞 /112
课程思政对高校学生的吸引度及其影响因素研究 ……… 杨　帆　白佳夕 /120
学校家庭社会协同引导大学生应对学业压力的路径探究
　　………………………………………………… 陈启胜　付铃杰 /139
落实党的二十大精神"三进"　提升人才培养质量
　　……………………………… 白　伟　丁宇飞　王苏宁 /147
高质量内涵式发展的一流专业建设与管理
　　——以四川大学为例
　　…………………… 胡廉洁　李　华　刘　黎　杨利琴　丁宇飞 /153

教学建设实践

党的二十大精神融入"模拟电子技术基础"课程教学改革实践探讨
　　………………………………………… 贾绍芝　庄俊月 /163
党的二十大精神融入"电子技术实验"课程思政的探索与实践
　　……………………………………………………… 印　月 /169

目 录

以生涯发展规划为核心的新生阶段化教育模式研究
　　…………………………… 丁　莎　董柯平　王　颖 /177

党的二十大精神进课程模式的研究与实践
　　——以"国际金融"课程为例 ………………………… 王　奇 /184

党的二十大精神融入"刑法学"课程思政的具体路径 …………… 李　侠 /190

习近平法治思想融入"思想道德与法治"课程教学的五重维度
　　………………………………………………………… 李双君 /197

中华优秀传统文化融入课程教学路径研究
　　——以四川大学文化科技协同创新研发中心教学实践为例
　　………………………………………………………… 唐丽媛 /206

"习近平法治思想概论"课程体系构建的思考与实践 ………… 邵　燕 /213

党的二十大精神融入法律职业伦理教育的方法与路径 ………… 杨小凤 /222

"双一流"高校历史学科教学中融入铸牢中华民族共同体意识教育的实践研究
　　………………………………………………… 李建艳　章　鹏 /230

面向工程实践的自动化专业"计算机网络与通信"课程"三进"教学改革研究
　　………………………………………………………… 杨　波 /237

培养模式探索

新文科建设视域下中国特色经济学人才培养的"川大模式"探索与实践

——兼论党的二十大精神融入经济学学科建设与人才培养

蒋永穆　唐永

（四川大学经济学院）

摘　要：在新文科建设视域下，四川大学经济学院依据自身特色和优势，瞄准国际科技前沿和国家重大需求，积极推进党的二十大精神融入经济学学科建设与人才培养。坚持立德树人，强化价值引领，培养新时代经济学人才；坚守传统优势阵地，助推交叉学科发展；优化课程设置，构建中国特色课程体系；推动模式创新，提高经济学人才培养质量。综合应用多项举措，形成具有中国特色的经济学人才培养的"川大模式"。

关键词：新文科建设；中国特色经济学；人才培养；党的二十大精神

一、新文科建设的背景

我国的新文科建设发端于2018年，教育部高教司在"四新"建设中明确提出"新文科"。① 2018年9月17日，教育部印发《教育部关于加快建设高水平本科教育全面提高人才培养能力的意见》，明确提出实施"六卓越一拔尖"计划2.0。② 2019年4月29日，教育部在天津启动"六卓越一拔尖"计划2.0，部署提升中国高等教育质量。"六卓越一拔尖"计划2.0明确从2019年起的三年内，面向所有高校所有专业，建设10000个左右国家级一流本科专业点和10000门左右国家级一流课程；在数学、物理学等17个基础学科，建设260个左右基础学科拔尖学生培养一流基地，全面推进新工科、新医科、新农科、新文科建设。③ 自此，新文科建设开始受到社会的广泛关注。2020年11月3日，教育部新文科建设工作组主办的新文科建设工作会议在山东大学（威海）召开，研究了新时代中国高等文科教育创新发展举措，发布了《新文科建设宣言》，对新文科建设作出了全面部署。④ 自此，新文科建设进入了全新发展阶段。2021年4月19日，习近平总书记在清华大学考察时指出，"要用好学科交叉融合的'催化剂'，加强基础学科培养能力，打破学科专业壁垒，对现有学科专业体系进行调整升级，瞄准科技前沿和关键领域，推进新工科、新医科、新农科、新文科建设，加快培养紧缺人才。"⑤ 这一重要指示，为新文科建设指明了方向。

---

① 樊丽明. "新文科"：时代需求与建设重点[J]. 中国大学教学，2020（5）：4—8.
② 教育部. 教育部关于加快建设高水平本科教育全面提高人才培养能力的意见[J]. 中华人民共和国教育部公报，2018（9）：18—24.
③ 教育部启动"六卓越一拔尖"计划2.0[EB/OL].（2019-04-30）[2023-09-10]. http://www.moe.gov.cn/jyb_xwfb/xw_zt/moe_357/jyzt_2019n/2019_zt4/tjx/mtjj/201904/t20190430_380243.html.
④ 教育部. 新文科建设工作会在山东大学召开[EB/OL].（2020-11-03）[2023-09-10]. http://www.moe.gov.cn/jyb_xwfb/gzdt_gzdt/s5987/202011/t20201103_498067.html.
⑤ 新华社. 习近平在清华大学考察：坚持中国特色世界一流大学建设目标方向 为服务国家富强民族复兴人民幸福贡献力量[EB/OL].（2021-04-19）[2023-09-10]. https://www.gov.cn/xinwen/2021-04/19/content_5600661.htm.

二、中国特色经济学人才培养的主要举措

在《新文科建设宣言》中明确指出了推进新文科建设的基本遵循,即坚持走中国特色的文科教育发展之路。具体来讲,中国特色新文科的发展必须做到"四个坚持"。一是坚持尊重规律。尊重文科教育特点和人才成长规律是新文科建设高质量推进的基本前提。二是坚持立足国情。要坚持不懈地挖掘新材料、发现新问题、提出新观点、构建新理论,加强对实践经验的系统总结,形成中国特色文科教育体系。三是坚持守正创新。新文科建设既要固本正源,又要精于求变,要立足两个大局,不断从中华优秀传统文化中汲取力量,主动适应并借力现代信息技术手段,实现文科教育高质量高水平发展。四是坚持分类推进。要根据各学科专业特点,结合行业领域特定问题,促进八大学科门类特色发展。按照基本遵循的要求,结合四川大学经济学科的基本情况,我们开展了多项工作以推进中国特色经济学人才培养工作和学科建设,形成了经济学人才培养的"川大模式"。

(一)强化价值引领,培养新时代经济学人才

党的二十大报告强调:"教育是国之大计、党之大计。培养什么人、怎样培养人、为谁培养人是教育的根本问题。育人的根本在于立德。全面贯彻党的教育方针,落实立德树人根本任务,培养德智体美劳全面发展的社会主义建设者和接班人。"[①] 这就要求我们牢牢把握经济学教育的价值导向性,坚持立德树人,全面推进高校课程思政建设,推动党的二十大精神进教材、进课堂、进头脑,提高学生思想觉悟、道德水准、文明素养,培养担当民族复兴大任的新时代文科人才。

---

① 习近平. 高举中国特色社会主义伟大旗帜 为全面建设社会主义现代化国家而团结奋斗——在中国共产党第二十次全国代表大会上的报告[M]. 北京:人民出版社,2022:34.

力学力行 善作善成
——党的二十大精神"三进"教学改革研究与实践

一是进教材。教材是知识传播和学生学习的重要载体。经济学院(以下简称"学院")积极推进党的二十大精神进教材,取得了较为显著的成效。一方面,积极参加国家级教材的编写工作。蒋永穆教授作为首席专家参加了马克思主义理论研究和建设工程重点教材《马克思主义政治经济学概论》(第二版)的修订工作,同时还作为主编之一参与编写了国家级教材《中国特色社会主义政治经济学》(第三版)。另一方面,积极编写其他各类教材。截至目前,学院老师已经出版了《马克思经济学的数理分析》《动态经济学导论》《智能投资:方法与策略》《Python量化投资基础教程》《电子商务概论》《计量经济学及其应用》等多部教材。

二是进课堂。首先,新建课程,推动党的二十大精神融入专业培养体系建设。开设"改革开放史"课程,选取了与改革开放密切相关的11个专题,有助于学生从历史纵深视角全面了解中国改革开放40余年历史。开设"习近平经济思想"课程,向学生讲授习近平经济思想,让学生能更加深入地学习和运用。其次,大力支持精品课程建设,突出中国特色。学院的"货币金融学""西方经济学""政治经济学"等10余门课程获评省部级及以上一流本科课程,其中有2门是省级思政示范课程。这些一流本科课程都十分注重突出中国特色和强化育人功能。最后,重点推进中国特色教改项目。为更好地将党的二十大精神融入课程,学院重点推进了中国特色教改项目选题和申报工作,完成10项党的二十大精神"三进"教学改革专项研究项目的立项。

三是进头脑。学院开展了多种形式的工作促进党的二十大精神进头脑。首先,组织党的二十大精神集体学习活动。学院组织全院师生聆听习近平总书记在中国共产党第二十次全国代表大会上的报告。其次,开展支部主题党日活动。例如,经济系党支部与学校发展规划处"双一流办"党支部、工学图书馆党支部举行学习党的二十大精神共建活动,经管与财税系教工党支部开展学习党的二十大精神主题党日活动,学院行政教工党支部开展学习党的二十大精神主题党日活动等。再次，举办论坛、讲座等活动学习宣传党的二十大精神。例如，学院举办"学习贯彻党的二十大精神，全面推进经济学院高质量发展"高端论坛，蒋永穆教授为2020级拔尖班作"党的二十大精神解读"主题讲座等。最后，开展党的二十大精神跨校联学活动。学院唐永老师参加了中国人民大学、四川大学和厦门大学三校师生联合举办的"党的二十大精神跨校主题联学活动"。

（二）坚守传统优势阵地，助推交叉学科发展

一是持续做强以政治经济学为核心的理论经济学。学院经济学专业历史悠久、传承厚重，可追溯到1902年的四川大学经济科，距今已经有一百余年的历史。作为四川大学传统优势学科的政治经济学，积淀深厚，发展迅速。1984年获准硕士学位授权点，1990年获准博士学位授权点，2003年获准建立理论经济学博士后流动站，2004年被评为四川省重点学科，2006年获得理论经济学一级学科博士学位授予权，2007年被批准成为国家重点学科，2019年，学院经济学专业入选首批国家级一流专业建设点。此后，学院按照经济学国家级一流专业建设标准，立足学院的基本情况，依托四川大学"马克思主义与当代中国"一流学科（群），借鉴国内外顶尖院校经济学专业的建设经验，加快推进国家级一流专业建设。

二是积极探索交叉学科发展。党的二十大报告指出："加强基础学科、新兴学科、交叉学科建设，加快建设中国特色、世界一流的大学和优势学科。"学科交叉是未来学科发展的方向，也是新文科建设的要求。为更好地应对不断变化的世界科学前沿和国家重大需求，学院积极探索交叉学科建设。现在已经有数学经济学双学位专业、计算机金融双学位专业，同时也在探索"经济学＋医学""经济学＋统计学""经济学＋物理学"等交叉学科发展。

（三）优化课程设置，构建中国特色课程体系

一是增开经济思想史和经济史相关课程。在现有课程设计基础上，针对作为马克思主义思想来源的古典政治经济学说，马克思恩格斯经济思想，马克思主义理论的后续发展以及中国特色社会主义政治经济学中的经济思想分别开设课程，增开"中国经济史"等课程。

二是科学批判、准确讲授当代西方经济学课程。系统性地提供经济学分析、技术性和工具性课程以及数学、统计、计量、人工智能和高水平人文社会科学、自然科学通识等课程，培养学生辩证唯物主义的历史观和方法论，学习借鉴有益于我国现代化建设和改革开放的经济思想。

三是开设衔接课程。在高年级开设与硕士生、博士生培养方案有机衔接的经济学中高阶课程，将学生培养为理论素养深厚、问题意识敏锐、研究方法先进、立足中国、立场坚定的高水平理论人才。

（四）推动模式创新，提高经济学人才培养质量

秉持川大"精英教育、个性化教育和全面发展教育相结合"的人才培养理念，发挥学院政治经济学国家重点学科的优势，着力培养一批具有扎实马克思主义政治经济学基础，对中国特色社会主义经济实践有深刻认识，能为我国经济高质量发展提供理论和政策指导，着力推动中国经济理论创新与发展，并能基于中国实践经验总结出一般经济规律，推动经济学基础理论创新，为人类发展和人类命运共同体的构建贡献中国智慧的经济学拔尖人才。构建中国特色的经济学学科体系、教学体系、实践体系、管理体系，并将"中国特色"全要素融入人才培养全过程，打造有中国风格、中国气派的经济学人才培养基地。

一是发挥政治经济学国家重点学科优势，构建大师引领的课程体系。一方面，充分发挥学院政治经济学国家重点学科的优势，为拔尖人才开设

"政治经济学""中国特色社会主义政治经济学""《资本论》选读""社会主义市场经济理论"等特色课程，夯实学生政治经济学理论基础。另一方面，由中央马克思主义理论研究和建设工程首席专家（蒋永穆）、教育部相关教学指导委员会委员（蒋永穆、张红伟、蒋瑛）、川大文科讲席教授（陈学彬、庞中英）、"让·莫内"讲席教授（邓翔等）、学院教授委员会主席（张衔等）为拔尖班学生专门开设按12~15人编班的小班课程。"经济系名师讲座"邀请国内外著名经济学家主讲，让学生切身感受大师魅力及科研乐趣，强化学术驱动，提高对理论学习的重视和热爱。

二是落实全程化的"导师制"，构建精英式的育人体系。秉持精英化的教学理念，深度落实"双导师制"（资深专家＋年轻学者），为拔尖班学生全程配备学业导师及学术导师，提供更多师生交流机会，助其专业启蒙，制定个性化的培养方案。导师每两周驻院一次，使学生近距离领略大师风采。师生面对面的交流，有助于拔尖班学生的学术成长和人生成长。大一结束时，基于拔尖班科研导师库进行师生双选，学生确定科研导师。要求学生早进组会、早进课题、早做学术研究，激发学生学术兴趣。大二结束时，随着研究兴趣的明晰，学生可申请调整科研导师。这些政策为拔尖班学生禀赋和学术潜能的充分开发创造了宽松的环境，有利于激发其创新潜力。

三是实行个性化的"学分制"，构建贯通式的学科体系。专门为拔尖班学生构建贯通的课程体系及弹性的学分设置，制定本硕博衔接的一体化人才培养方案和分流制度，实现真正意义上的因材施教、个性化培养。鼓励有兴趣有志向的学生通过本硕博衔接培养成为经济学专业的创新型研究人才，鼓励有发展潜力的学生通过跨学科本硕博交叉培养成为面向国家急需关键领域等交叉学科专业的拔尖创新人才。

四是发挥红色资源优势，构建高水平的思政教学体系。充分依托四川大学全国高校中华优秀传统文化传承基地以及国家大学生文化素质教育基地、江姐纪念馆，并通过建川博物馆、朱德故居、吴玉章故居、邓小平故里等场馆推动红色文化浸润校园，打造川大"拔尖人才"红色教育基地。学院学生通过拍摄"8秒正能量"等微视频，把对社会主义核心价值观的理解用形象生动的故事和精美的画面呈现出来，使社会主义核心价值观成为学生的基本遵循。

五是发挥川大区位优势，构建立足中国的实践体系。学院高水平的实践教学基地为拔尖班学生提供丰富的实践机会（如2021年拔尖班学生赴绵阳进行党史学习，传承"两弹一星"精神；2022年10月，2019级拔尖班学生赴成都市郫都区战旗村进行实地调研，助力乡村振兴）。教师带领学生实地学习，着力构建立足中国的实践体系，帮助学生准确把握中国特色社会主义市场经济实践，做"把论文写在祖国大地上"的践行者。

六是依托川大"玉章书院"，推进交叉融通的管理体系。依托川大"玉章书院"对拔尖班学生全面实行书院制管理，形成全方位协同育人的书院氛围，让学生感受导师全天候言传身教的浸润环境，接受学术熏陶，形成整体的知识观和智慧的生活观。"玉章书院"独有的集中住宿管理模式，为不同学科学生的思维碰撞与深度交流提供了契机与平台。

三、中国特色经济学人才培养的未来展望

学院在中国特色经济学人才培养方面虽然取得了较为显著的成效，但是仍然存在诸多问题需要深入研究和解决。

首先，加强顶层设计、系统谋划。以国家级一流专业建设为抓手，进一步提升经济学科的竞争力。以国家重大需求为导向，调整专业设置及人才培养方向。立足我国国情和发展实际，推动中国特色经济学发展。

其次，进一步推进党的二十大精神"三进"工作走深走实。一是推进课程思政建设，落实立德树人根本任务。二是瞄准世界科技前沿，建设科学合理学科体系。三是立足中国国情，构建中国特色经济学科。

再次，彰显人才培养的中国特色。在创新中国特色经济学人才培养方式、构建中国特色经济学人才培养体系的过程中，围绕为国家和地方经济建设培养高水平的专业人才的目标，形成以"五个一"[①]为重要内容的中国特色经济学人才培养新机制。

最后，进一步推动创新发展。一是创新教学方式，深化培养模式。二是深化学术驱动，促进科研带动。三是创新实践体系，深化科教融合。

---

① "五个一"是指：一个核心，始终坚持以"培养什么人、怎样培养人、为谁培养人"这个根本问题为核心；一个项目，筹备、建设中国经济发展案例项目数据库；一个系统，坚持系统观念，积极探索集学科、专业、教材、教学、课程、管理于一体的中国特色本硕博贯通式财经类人才培养模式；一个机制，构建科学的评估督导体系和责任落实机制；一个讲座，开设"中国特色经济学名家讲坛"，围绕国家重大理论与实践问题搭建跨学校跨部门跨学科的学术共同体，拓宽学生视野，强化学术交流。

材料类专业高素质人才培养改革与实践*

刘 颖 叶金文 杨勃人

（四川大学材料科学与工程学院）

摘 要：在新时代背景下，尤其是党的二十大后，国家对高等教育材料类人才培养提出了更高要求。四川大学材料科学与工程学院应国家发展对高素质、创新型人才的迫切需求，近年来系统深入开展了材料类专业高素质人才培养改革与实践。本文以材料类专业高素质人才培养面临的问题、改革思路与举措、改革成效为主线，梳理总结了材料科学与工程学院在新工科高素质人才培养方面的工作成效，并对未来发展进行了展望。

关键词：材料科学与工程；新工科；人才培养；教学改革

一、人才培养面临的问题

材料科学与技术是推动国家科技发展的关键支撑，是国民经济主战场和国防军工领域的核心要素。习近平总书记指出"新材料产业是战略性、

---

* 本文为四川省高等教育人才培养质量和教学改革项目（JG2021-52）、教育部产学合作协同育人项目（202101395047）以及四川大学高等教育教学改革工程（第十期）研究项目（SCU10083）阶段性成果。

基础性产业，也是高技术竞争的关键领域"，强调"要奋起直追、迎头赶上"，并在党的二十大报告中要求"全面提高人才自主培养质量，着力造就拔尖创新人才"。[1]

材料类本科专业主要包括材料科学与工程、新能源材料与器件、金属材料工程、无机非金属材料工程、材料物理、材料化学、高分子材料与工程、复合材料与工程、材料成型及控制工程等，在全国综合类、理工类高等学校普遍开设，专业名称和数量因各高校办学特色有所差异。新时代背景下，尤其是党的二十大后，国家对材料类本科教育提出了更高要求，以符合国家建设和社会发展需要。目前材料类专业人才培养主要面临三大共性问题：

其一，传统材料类专业被过度细分、课程内容单一，难以满足国家新材料战略亟需的具备坚实宽广理论知识的材料类人才培养需求。其二，面向材料领域复杂工程问题，亟需提升学生解决问题的综合实践能力。特别在动手能力、交叉思维、综合工程实践能力方面，当前材料类毕业生往往缺乏工程实践技能和提出、分析、解决综合类问题的能力，不能适应国家新材料产业发展的人才需求。其三，为适应未来科技和材料产业发展，亟需启迪学生创新思维，拓展创新能力，以对接材料科学未来发展。[2]

二、改革思路与举措

20年来，四川大学材料科学与工程学院（以下简称"学院"）坚守

---

[1] 周育先. 坚持创新驱动建设材料强国[J]. 求是，2022（16）：31-35.
[2] 王永强，李娜，斯松华，等. 新时代金属材料工程专业高素质本科人才培养教学改革与实践[J]. 华北理工大学学报（社会科学版），2019，19（3）：86-90. 陈立新，王艳华，陈洁，等. 新时代材料专业本科人才培养教学改革与实践[J]. 教育教学论坛，2022（48）：185-188. 董秋静，罗春华，王畅，等. 工程教育认证背景下材料化学专业产学研人才培养探索与实践[J]. 高教学刊，2021，7（15）：133-135，139. 范宇恒，董祥雷，郭春文，等. 材料类专业创新型人才培养的教学模式改革[J]. 中国现代教育装备，2022（1）：121-123.

"为党育人、为国育才"宗旨,发挥四川大学材料科学与工程学科作为世界一流学科建设学科、一级学科国家重点学科的优势,服务"四个面向",为培养理想坚定、基础扎实、勇于创新的材料类优秀本科人才,结合学院学科基础和本科人才培养的已有基础,开展了多层次全方位育人探索和持续改革。重点从以下四方面着手。

(一)重塑专业架构与教学机构

经过精心谋划、科学论证、凝聚共识,将原有材料类6个专业优化重构为材料科学与工程、新能源材料与器件2个专业,形成了宽口径与新工科结合的"1+1"专业架构。学院重塑专业架构分为两方面:第一,结合学院自身在光伏材料、储氢材料、锂电材料等研究领域的雄厚基础,集中优势力量,在国内首批开设新能源材料与器件专业,该专业先后于2011年和2021年被评为国家级特色专业、国家级一流本科专业建设点;第二,融合构建了宽口径新专业,将金属材料工程、无机非金属材料工程、材料物理、材料化学等专业融合重组成具有"宽口径"特色的材料科学与工程专业,该专业也于2020年被评为首批国家级一流本科专业建设点。以新能源材料与器件和材料科学与工程两大专业为基础,学院完成了优势资源整合,实现了针对材料类新工科高素质人才培养的专业架构重塑改革。

同时,为适应人才培养,学院大力推动了教学机构改革,将原金属材料系、无机非金属材料系、材料科学系、新能源材料系和学院中心实验室等4个系和1个中心,优化重组成新的教学教研机构。具体而言,建立"公共基础课与创新实践教研中心",主要承担"8必修+5必选"(以下简称"8+5")核心公共专业课程教学、专业实验、实习和实践教学;建立"材料科学与工程专业教研中心",承担材料科学与工程专业核心课程及选修课程教学工作;建立"新能源材料与器件专业教研中心",承担新能源材料与器件专业核心课程及选修课程教学工作。由此,实现教学教研机构的专门化、精简化、高效化。

在此基础上，建立起"院领导—教学督导—院教务管理人员"三级教学质量监控体系，全面加强教学育人质量的监管力度，层层把关，有效地防止低质量课程和教学环节的出现。这样，以教学教研机构重组和教学质量监管体系革新为着力点，实现了针对材料类新工科高素质人才培养的教学机构改革。[①]

（二）重构课程育人体系及培养方案

学院秉持科学与工程结合、课堂教学与工程实践结合、基础理论与前沿创新结合的原则，加强了"中华文化""迷人的材料""神奇的纳米材料"等通识类课程的建设，优化了数、理、化、电子电工、力学、机械设计等一系列基础类课程设计，构建了"8+5"专业核心课程群，打造了国家级和省级"金课"群，形成了"厚基础"课程育人体系。

对于材料科学与工程专业，8门必修课程分别是"固体物理""材料科学基础""材料力学性能""材料物理性能""材料工程基础""材料加工基础""材料分析技术"和"现代材料制备科学与技术"，5门必选课程分别是"电子陶瓷与器件""半导体物理与材料""无机材料物理化学""金属相变及热处理"和"复合材料"。

对于新能源材料与器件专业，8门必修课程分别是"固体物理""材料科学基础（Ⅱ）—1（双语）""材料科学基础（Ⅱ）—2（双语）""材料合成与制备技术""材料分析技术""半导体物理（Ⅰ）""材料工程基础"和"电化学基础"，5门必选课程分别是"太阳电池原理与设计""化学电源工艺学（双语）""新能源概论""氢能技术（全英文）"和"新能源材料

[①] 陈国华，向定汉，刘贵仲，等. 材料大类专业人才培养模式改革的思考［J］. 教育教学论坛，2020（40）：212-214. 石艳军，杜娴，杜慧玲，等. 校企产教研融合视角下的材料类人才培养研究与实践［J］. 教育教学论坛，2021（12）：33-36.

与器件工艺设计"。

另外，学院经过周密研讨，重新塑造了以通识教育、专业教育、实践教育和创新创业教育为基础的培养体系。学院教指委围绕上述举措，进行了反复细致的讨论，优化了上述两个专业的课程体系，制定了教学大纲，全面梳理了课程知识点。

（三）构筑校内外有机融合的"强实践"育人体系

"强实践"育人体系的建设主要包括以下四方面：第一，优化实践链，实践教育由35%的课程实验、35%的工程实践、8%的创新创业、10%的社会实践和12%的军事和体育技能构成；第二，持续更新基础实验、工程训练的内容，通过不断丰富发展，课程内容已覆盖基础课程实验、专业与综合实验、工程训练、实习实践、社会实践、创新创业实践、毕业论文等；第三，大力开展创新班建设，实施一对一导师和本硕博贯通培养制度；第四，积极构建校内实验平台，努力搭建校外实践平台，形成校内实验和校外实践相结合的格局。

在校内，学院依托学校的国家级实验教学示范中心、国家工科基础课程化学教学基地、国家级"双创"示范基地等国家级实验平台和四川省高等学校省级实验教学示范中心、四川省物理基础课实验教学示范中心等省级实验平台，实现了实验和工程训练国家级/省级实验平台全覆盖，构建了校内外有机融合的"强实践"实验实践育人体系。为进一步支撑强化本科生的实验、科研训练，还依托国家级材料科学与工程实验教学示范中心，建设了先进材料设计与微纳结构性能表征平台、先进特色新材料技术探索研究平台、材料制备加工新技术平台、先进新材料虚拟仿真研究平台，对本科生开放。

在校外，与中国第二重型机械集团公司、攀钢集团有限公司等行业领军企业共建省部级工程实践教育和卓越工程师校外实习基地10个；综合实践平台方面,与亚洲复合材料泰国有限公司、中建西部海外公司印尼厂、通威太阳能等合作建成了国内外实践教学基地39个,实施带薪实习、顶岗实习、海外实习等多元化实习实践;派送学生到东方电气集团有限公司、攀钢集团有限公司、中国工程物理研究院、成飞集团等重点单位开展毕业设计工作。通过以上校外育人平台的多元化实习实践,学院把国之重器、"双碳"社会专业人才培养思想植根于心。[①]

(四)大力推动"双创育人"体系建设

第一,依托涂铭旌院士开设的"创造发明学导论""材料学前沿"等课程,将科研成果、创新研发案例融入课堂,启迪学生创新思维;依托1门省级、18门校级课程思政榜样课,打造思政"金课",将"党的二十大精神""大国工匠精神""创业奋斗精神""国之大者"等时代精神以及其他鼓舞力量的内容有机融入课堂;组织8部教材参选教育部材料教指委规划教材,扎实推动科教兴国战略精神融入教材;深入强化价值引领,推动党的二十大精神入脑入心。

第二,邀请诺奖得主乔治·斯穆特(George Fitzgerald Smoot Ⅲ)教授、安东尼·莱格特(Anthony J. Leggett)教授和美国工程院院士Eva Andrei等知名学者来院开办讲座;开设国际课程周(University Immersion Program,UIP)专家课,聘请海外专家进行面对面、全英文的线下(线上)授课,实现UIP专家课在材料类学生中100%的覆盖率;与美国华盛顿大学等国际知名大学实施联合培养,通过"大川视界"开展国

---

① 王成双,代少俊,焦宝祥,等."高分子材料成型加工"课程教学改革与探索[J]. 教育教学论坛,2017,342(52):96-97. 郅真真,郭炎飞,罗伟,等. 基于应用型人才培养的材料实验设计优化及数据处理课程教学革新与实践——以洛阳理工学院无机非金属材料工程专业为例[J]. 高教学刊,2021,7(31):146-149. 张强,刘丹,夏昕,等. 优化创新创业教育改革人才培养模式——以材料科学与工程专业为例[J]. 高教学刊,2022,8(2):51-54.

际化培训，开阔学生视野；还依托国际科技合作项目，积极组织学生参与境外国家、地区之间的科技合作，提高学生国际交流合作能力，拓展学生创新视野。

第三，依托材料科学与工程国家"双创"示范基地，在创意、创新与创业平台搭建方面，积极发挥川大的多学科优势，强化材料专业与医学、信息等专业领域的交叉融合。先后实施材料科学与工程学院"初晖"计划、大学生创新创业计划，创办四川省大学生材料设计大赛，组织学生参加"互联网＋""挑战杯""全国金相大赛"等各类学科竞赛，建设全过程导师制的学术型社团，引入企业、天使基金等支持学生创新与创业，构建"重创新"的"双创"育人体系。

三、改革成效显著

回首过往，四川大学材料科学与工程学院通过不断努力和革新探索，已经在材料类新工科高素质人才培养改革与实践方面取得了良好成效。

学院在专业建设、金课建设、教材建设等方面取得显著成效。重构后的2个材料类本科专业均入选国家级一流本科专业建设点，建成材料科学与工程国家级实验教学示范中心、国家级"双创"示范基地（先进材料）。学院共计建成国家级、省级一流本科课程，省级课程思政榜样课程12门，建设SPOC（小规模限制性在线课程）4门、中国大学MOOC 2门。同时学院教师参与主编出版教材19部，其中国家级规划教材3部。2018年教育部在四川大学召开"新时代全国高等学校本科教育工作会议"，陈宝军老师讲授的国家精品资源共享课程"现代材料制备科学与技术"被遴选为示范课程之一，该课程还获得时任教育部部长陈宝生以及其他与会领导的肯定。

学院培养了一批优秀的"材料"人。近6年，在校本科生获第17届"挑战杯·揭榜挂帅"专项赛国家特等奖，中国大学生自强之星标兵，第八届中国国际"互联网＋"创新创业大赛金、银奖，全国大学生创新创业年会优秀论文奖，全国金相大赛一等奖等国家级、省部级奖项292项，发表学术论文114篇，还于2022年入选全国大学生科技志愿服务示范团队。2016—2019年，本科生赴英国牛津大学、美国加州大学伯克利分校等访学和参加国际联合培养项目66人次。学生深造率大幅提升，其中2022届新能源材料与器件专业的深造率达79.3％。川大材料学子的"双创"成果被中央电视台报道；川大材料学本科生在"一带一路"沿线国家实习获《中国建材报》专题报道；"挑战杯·揭榜挂帅"专项赛特等奖成果得到时任四川省副省长杨兴平等现场指导及高度肯定，被四川电视台、四川省人民政府官网报道，社会影响显著。本科毕业生积极为国家建设贡献力量，成绩斐然。其中有4名优秀学生参与团中央大学生志愿服务西部计划，约60％毕业生在国家重点行业、国企就业，2005届毕业生江一杭获评2015年度全国劳动模范，2010届毕业生王杰获2019年度国家技术发明二等奖，2010届毕业生晁栋梁入选2020年度《麻省理工技术评论》"35岁以下科技创新35人"亚太区榜单。

四、未来展望

道阻且长，行则将至。四川大学材料科学与工程学院将在现有基础上，继续以材料领域为基点，面向国家重大需求和国民经济主战场，深入贯彻新时代教育思想和党的二十大精神，聚焦拔尖创新人才培养，强化教改和课程改革，全面提高人才自主培养质量，为全面建设社会主义现代化国家、全面推进中华民族伟大复兴，贡献川大"材料"人的力量。

党的二十大精神引领下新医科人才培养的川大华西探索与实践*

柴桦 王澎 邹翎 薛晖 王坤杰

（四川大学华西临床医学院）

摘　要：党的二十大报告指出，教育、科技、人才是全面建设社会主义现代化国家的基础性、战略性支撑。四川大学华西临床医学院深入学习贯彻党的二十大精神，明确提出"两个递进"人才培养理念，以"医、教、研协同"为突破口，推进新医科教学建设，通过促进多学科交叉融合、教学理念与内容更新和教育国际化等多方面举措，有力支持培养"职业素养力、临床胜任力、科研创新力和国际竞争力"兼备的卓越医生和医师科学家。

关键词：党的二十大精神；医学教育；新医科；交叉融合

一、党的二十大精神引领下，对新医科教学建设内涵的思考

党的二十大报告指出，教育、科技、人才是全面建设社会主义现代化国家的基础性、战略性支撑。我们要深入实施科教兴国战略、人才强国战

---

* 本文为 2022 年度四川大学新时代医学教育创新发展研究项目（SCUYZ01、SCUYZ02）阶段性成果。

略、创新驱动发展战略，坚持为党育人、为国育才，全面提高人才自主培养质量，办好人民满意的教育，着力造就拔尖创新人才。我们首先要全面贯彻党的教育方针，落实立德树人根本任务，培养德智体美劳全面发展的社会主义建设者和接班人；其次要加快建设高质量教育体系，加强基础学科、新兴学科、交叉学科建设，加快建设中国特色、世界一流的大学和优势学科；最后要深化教育领域综合改革，培养高素质教师队伍、加强教材建设、完善教育评价体系。

2020年9月，国务院办公厅印发了《关于加快医学教育创新发展的指导意见》，明确提出把医学教育摆在关系教育和卫生健康事业优先发展的重要地位，以新医科建设为抓手，分类培养研究型、复合型和应用型人才，提高人才培养质量。文件指出，要以新理念谋划医学发展，以新定位推进医学教育发展，以新内涵强化医学生培养，以新医科统领医学教育创新。而强力推进医科与多学科深度交叉融合是"以新医科统领医学教育创新"的主要内涵。

近年来，四川大学出台了诸多政策措施，对包括新医科在内的"四新"教学建设给予大力支持。例如，2019年四川大学出台的《新时代本科教育改革与发展指导意见》中就包含了"跨学科贯通式拔尖人才培养"实施方案；2020年四川大学又制定了《交叉学科研究生培养实施办法》；2021年四川大学出台《新时代医学教育创新发展实施方案》，其中也包含了"医学交叉学科专业平台建设方案"等系列重要核心项目方案。这些政策措施有效地支撑了新医科教学建设和人才培养。

四川大学华西临床医学院深入学习贯彻党的二十大精神，服务"健康中国"建设，明确提出"从'合格医生'到'卓越医生'再到'医师科学家'"的"两个递进"人才培养理念，以"医、教、研协同"为突破口，培养"职业素养力、临床胜任力、科研创新力和国际竞争力"兼备的卓越医学创新人才，亦即未来的卓越医生和医师科学家。

培育卓越医学创新人才，需要新医科教学建设从三方面进行有力支撑。一是促进多学科交叉融合，即"医学＋"，不仅促进医工、医理、医文的交叉融合，还要注意促进医教产研协同育人。二是教学理念内容更新，包括对"大健康"理念和新科技革命内涵的体现，从"以疾病治疗为中心"向"以健康促进为中心"转变，以及"预防、诊疗、康养"一体化能力提升，也包括对医学人文教育的强化，培育医学生救死扶伤的道术、心中有爱的仁术、方法科学的艺术。三是促进教育国际化，开阔学生国际视野、提高学生国际竞争力，从而更好地培养适应时代需求和国际环境、服务健康中国建设的卓越人才。

二、推进新医科教学建设的举措

（一）多学科交叉融合

1. 学科与平台建设

四川大学华西临床医学院积极参与和推动多学科交叉融合的学科与平台建设。

一是大力推动"医学＋"平台建设。积极投入 E－Bank 生物样本基础设施、生物医学大数据基础设施、未来医学城、成都前沿医学中心、医学人文教育中心、"医学装备＋智能制造"工程创新实践平台、四川省护理与材料医工交叉研究中心、四川大学国家医学攻关产教融合创新平台等基础设施与平台建设，为新医科人才培养提供多元化、具有学科特点的场景。

二是积极参与"五大创新计划"的实施，包括 2035 未来医学港湾计划、医工融合"三中心一平台"、"基础医学＋"振兴计划、"医学＋"超前部署学科群计划、"医学＋"新基建计划。特别是积极参与四川大学医工融合"三中心一平台"建设，包括"医学＋制造"中心、"医学＋信息"

中心、"医学＋材料"中心和"医工融合5G转化应用服务平台"，其中两个中心和一个平台由我院专家担任首席科学家，为新医科人才培养提供有力支撑。

三是加强"医学＋"学科群建设。高水平建设国家医学中心和国家区域医疗中心；打造独具特色、引领世界的高原医学、灾害医学、深地医学等学科；建设高原病医学中心、移植再生中心、血液肿瘤中心、感染性疾病中心、代谢性疾病中心、紧急医学救援中心，为培养国家战略急需的紧缺人才、新兴学科人才提供了良好基础。

2. 专业建设

四川大学华西临床医学院办有临床医学、护理学、医学检验技术、医学影像技术、康复治疗学、眼视光学等6个本科专业，截至2022年上述专业全部入选"国家级一流本科专业建设点"。学院在专业建设方面实施了一系列创新举措促进多学科交叉融合的人才培养。

一是继续办好临床医学八年制"2＋6"创新班培养项目。临床医学八年制通过高考招收、大学二年级末转专业接收学生，是学院从2010年起实施至今的、全国唯一基于本科生转专业制度的八年一贯制医学博士培养项目。2008至2017级临床医学八年制创新班仅面向物理、化学、高分子、轻纺与食品、计算机、生命科学等6个试点学院接收生源；从2018级（2020年）起，扩大为面向全校所有非医科专业接收生源。创新班学生具有的交叉学科背景与潜力、强烈的学医意愿以及跨学科"双导师制"等培养策略，促进了卓越医学创新人才的培养，学生学业成绩更优、综合能力（特别是学科交叉能力）更强，在中国大学生医学技术技能大赛、中国国际"互联网＋"大学生创新创业大赛中表现突出。

二是创办"护理学＋管理学"交叉创新班（双学士学位培养项目）。该班是学院服务"健康中国"战略，以临床护理、健康管理需求为牵引，医院管理发展需求为导向，与四川大学商学院联合在国内首次开办的；学制五年，合格毕业生授予理学及管理学学士学位。"护理学＋管理学"交叉创新班自2021年首届招生以来，持续打造"医管交叉"特色课程体系，实施全程"双导师制"（即有MBA教育背景的护理学导师＋管理学导师），促进适应现代医院管理需求的高水平护理人才培养。

三是创办"医学技术＋智能制造"交叉创新班（双学士学位培养项目）。该班是学院服务"健康中国"战略，依托医学技术和机械工程两个博士学位授权点学科，秉承"高起点、高标准、高质量"的原则，与四川大学机械工程学院联合开办的；学制五年，合格毕业生授予理学及工学学士学位。"医学技术＋智能制造"交叉创新班自2021年首届招生以来，通过实施"医＋工"双班主任制、"医＋工＋企"三导师制，强化"早科研""早临床"，培养既懂医学技术又懂制造工程，在临床工作中能够运用智能制造技术进行医疗设备研发、制造和创新应用的医工交叉复合型人才。

四是在国内首批试办"临床医学五年制（卓越检验医师试验班）"。经教育部批准，2022年四川大学成为全国首批设立"临床医学五年制（卓越检验医师试验班）"5所试点院校之一。该班依托"临床医学""医学检验技术"两个国家级一流专业建设点开展教学建设与人才培养工作。"临床医学五年制（卓越检验医师试验班）"学生本科阶段为五年制临床医学专业，优秀应届毕业生可通过推荐免试研究生的方式进入临床检验诊断学硕士专业学位研究生培养。"临床医学五年制（卓越检验医师试验班）"自2022年首届招生以来，通过采用核心课程"探究式—小班化"授课、跨学科重构"医学检验整合课程"、实施全程"双导师制"等举措，开创了医学检验人才培养新模式，有利于推动我国检验医师的高质量培养与发展，进一步推动新医科统领医学教育创新发展。

五是用好交叉专业推荐免试研究生专项指标。近年来，四川大学给予每个学院一定数量的交叉复合型人才培养推荐免试研究生专项指标，用于支持学生到校内非本学科专业类攻读硕士学位。学院一方面鼓励相关专业学生申请该指标，要求专业指导老师与校内非本学科意向专业导师尽早建立联系，达成接收与培养意向，充分用好用实指标，避免指标浪费；另一方面，充分调动导师热情，积极接收全校各学院的交叉专业推荐免试研究生，进一步促进了交叉学科人才的培养。

3. 课程建设

四川大学华西临床医学院高度重视一流课程体系建设，现有各类国家级课程建设项目 70 余门次，包括国家级一流课程 14 门、国家级精品课程及其他课程建设项目 20 余门次、国家级平台上线慕课 36 门等。近年来，学院大力推动交叉学科课程建设，打造了"医工融合的创新与实践""医学技术融合创新""医工融合：医疗器械创新与监管评价""临床工程管理概论""临床工程技术评估与评价""康复心理学""人体健康运动及智能运动""认识灾难 险中求生""呼吸治疗设备学""临床检验仪器与技术""人工智能在医学（影像）领域的应用与发展"等一大批交叉学科课程。

以"医工融合的创新与实践"课程为例，该课程由华西临床医学院王坤杰教授牵头，组织来自华西临床医学院（包括消化内科、麻醉科、胸外科、泌尿外科、肾脏内科等学科）、计算机学院、电子信息学院、机械工程学院、材料科学与工程学院等多学科专家于 2021 年起开设。该课程 2 学分、36 学时，面向全校理、工、医科各专业学生开放选课。该课程采用"模块式"教学内容设计，每个模块都包括内容紧密联系的一场医学讲座、一场理工科讲座、一次模拟教学（产品/项目体验＋小组讨论），深受选课学生喜爱。课程团队基于教学实践孵化"四川省高等教育人才培养质量和教学改革项目" 1 项（新医科新基建背景下医学家拔尖创新人才培养模式的探索与实践），转化"医学模拟中心智慧管理系统""智能标准化病人系统" 2 项成果。指导选课学生参加"仿真创新应用大赛"获省赛一等奖2项、二等奖3项、三等奖4项，4名教师获评优秀指导教师；获国赛一等奖2项（均为医工融合项目），3名教师获评优秀指导教师。

以"医工融合：医疗器械创新与监管评价"课程为例，该课程由华西临床医学院黄进教授牵头，组织来自华西临床医学院、机械工程学院、生物医学工程学院等多学科专家联合开设。该课程1学分、16学时，选课学生来自临床、化工、轻工、电气、电子、经济、数学、商学、生物医学工程等十余个学院。课程关注医工结合关键领域，以临床实际问题为导向，基于国家对高端医疗装备的国产化要求和对创新医疗器械产品的监管需求，围绕质子重离子放疗、AI赋能影像设备与检验诊断、检测芯片开发、微流控芯片技术应用、人机交互与人机融合等热点问题进行研讨与实践，旨在培养学生多学科交叉融合的思维能力，激发学生对医工交叉学科的学习兴趣。

此外，学院还鼓励教师积极参与其他学院开设的跨学科课程教学。例如，学院骨科、消化内科、眼科、临床病理研究所、超声医学科、心脏内科、实验医学科师资团队积极参与了机械工程学院开设的"琴瑟和鸣：医工结合的思维启迪"课程；护理学院（系）师资团队积极参与了四川大学通识核心课程"母语之美：表达与交流"的教学工作。

与此同时，在正式课程以外，学院还积极拓展资源，打造各种讲座式课程。例如"未来医学＋"创新公开课，瞄准未来医学"创新、前沿、发展"的关键理念，打造面向文理工医等多学科以及本硕博各层次学生的"医学＋"交叉学科精品创新公开课，邀请各领域顶尖专家畅谈量子力学、微电子、信息科学、区块链、大数据等前沿领域与未来医学的关系，在师生中引起热烈反响。

4. 教材建设

四川大学华西临床医学院高度重视教材建设，教师历年来主编"十一五""十二五"国家级规划教材近60部、国家卫健委规划教材60余部，其中8部教材获评"国家级精品教材"。2021年学院荣获国家教材委员会颁发的"全国教材建设先进集体"荣誉称号，获首届"全国优秀教材（高等教育类）"一等奖、二等奖。

近年来，学院出台《教材管理实施细则》《自编讲义管理办法》《教材建设资助办法》等系列规范管理与支持措施，充分发挥学院教材建设与选用审核工作小组的顶层设计与指导作用。在学院《教材管理实施细则》中明确提出"要瞄准国家战略需求，基于我院一流学科专业建设，围绕医学科学发展趋势和最新动态，结合'医学+'、精准医学、整合医学等领域，编写、更新一批新兴优质教材"。根据学院《教材建设资助办法》，2022年启动第一批教材建设资助立项，共计立项资助近40部教材的建设工作，包括新形态新医科国家级规划教材和自编讲义等，资助总额达500余万元，有力地激励了教师编写出版优质教材。

5. 教学研究

四川大学华西临床医学院鼓励开展新医科教学研究，以教改项目支撑教学研究，以研促建。近五年，学院获各级各类教学研究项目近300项，包括教育部产学合作协同育人项目，省级、校级、院级教学改革与研究项目，以及学会等其他学术组织立项的教学研究项目等。大力推动支持新医科建设的教学研究项目立项，共获"四川大学跨学科专业一贯通式人才培养专项项目""四川大学新时代医学教育创新发展研究项目"等各级新医科教学建设研究项目约55项，有力地促进了相关专业、课程、教材建设。

6. 双创能力培养

四川大学华西临床医学院构建"1＋2＋3"双创能力培养体系，以一流育人平台、两支育人队伍、三级育人项目支撑创新创业教育深度融入人才培养过程；建立"三早"科研实践训练模式，所有"国字号"人才全部参与本科生科研指导；四川大学国家医学攻关产教融合创新平台建设项目获批立项，40余个国家/省部级科研平台向本科生开放。学院每年投入数百万元设立"本科生'双创'基金"，支持学生参加"双创"训练、参与学术竞赛，构建以解决临床问题为导向的科研创新能力培养体系，通过持续举办本科生"三进"活动促进学生早期接触科研与临床，鼓励基于真实临床问题开展"双创"活动，切实增强学生的创新精神、创造能力，进一步夯实专业知识与技能，增强学生团队合作、沟通能力，提升学生的"双创"能力，连续8届"互联网＋"双创大赛获全国金奖14项（创意组金奖8项、初创组金奖3项、青年红色筑梦之旅金奖2项、产业赛道金奖1项），居全国医学院之首。

2014级临床医学（内科学—呼吸病学）专业硕士研究生通过"双创"平台组建医学、计算机科学与技术等专业本科生、研究生团队，医工结合研发早期肺癌人工智能辅助诊断系统，获2017年第三届"互联网＋"大赛创意组全国金奖，获"第十二届中国大学生年度人物"荣誉称号。该项目孵化出国家发明专利授权10项，落地转化开发出相关产品并应用于临床工作，获2020年国家科技进步二等奖。

2015级临床医学（移植科学与工程学）专业博士研究生依托"双创"平台组建本硕博学生团队，创新研发生物人工肝，应用于多种终末期肝病的替代治疗，获2019年第五届"互联网＋"大赛初创组全国金奖。团队成员持续改进产品，成功申请2项专利，实现专利国际转让（受让方：美国梅奥医学中心，又译妙佑医疗国际）。

（二）教学理念内容更新

1. 体现"大健康"理念

四川大学华西临床医学院重视教学理念与内容的持续革新，始终把引导学生正确认识医学模式的转变作为培养卓越医学人才的重要一环。学院早在 25 年前就在课程中向医学生介绍从"生物医学模式"到"生物—心理—社会医学模式"的转变，现今又注重向医学生介绍从"以疾病治疗为中心"向"以健康促进为中心"的医学模式新转变，早期在学生心中埋下"大健康"理念的种子，为"预防、诊疗、康养"一体化能力提升打下坚实基础。

学院为大一新生开设"临床医学导论—1（新生研讨课）"，围绕医学模式转变组织学生展开研讨、早期加深认识。学院也是全国最早成立全科医学教研室的院校之一，将"全科医学概论""全科医学（社区）实习"列为临床医学专业必修课。学院重视"生命全过程、健康全周期"理念的培育，打造"出生缺陷的产前诊断""儿童保健学""临床营养学""急诊医学""灾难医学""康复医学""老年医学"等课程，列入临床医学专业推荐选修课；2018 年以来在学校大力支持下，打造"健康川大"系列医学/跨学科通识慕课群，建设"健康管理学概论及适宜技术""妇幼健康医学""老年常见慢病管理"等系列慕课资源并在"爱课程·中国大学MOOC"等国家级平台上线，为学生随时随地自主学习提供了丰富资源。

2. 体现新科技革命内涵

四川大学华西临床医学院重视学生科研能力培养，打造了"科研能力培养模块"课程体系。在 2023 版本科人才培养方案修订工作中，学院进一步推动科研能力培养课程前置，强化"早科研"，早期加强实验室安全与操作技能培养。将"科研能力培养模块"中信息素养、文献检索、医学统计学、实验室操作技能等相关课程前移至大一、大二开设；在巩固学院临床流行病学与循证医学学科带来的教学特色优势的基础上，新增"生物医学大数据"（必修）、"精神影像学概论"、"微创外科基础与实践"、"创新药物早期临床研究设计"（选修）等前沿课程。

此外，学院还将医学英语课程、健康与社会模块课程、信息素养类课程与科研能力培养模块一体设计，协同促进学生科研能力提升。例如，为满足当今生物医学研究的需要，经与计算机学院（软件学院）、建筑与环境学院等兄弟学院充分沟通，将"Python基础及应用""数据挖掘导引""R语言基础与应用"等课程列入临床医学专业的跨学科专业教育推荐课程供学生选读。

3. 强化临床胜任力培养

四川大学华西临床医学院构建以卓越临床胜任力为导向的实践教学体系，强化学生临床实践能力培养。国内首创"实践教学专职教学岗"制度，每年投入专项资金逾千万元保障50余名临床教师全脱产专职从事教学；建立手术直播与手术演示相融合的新型实践教学体系；实施全过程9环节实践教学质控体系，实现学生"岗前有培训、入科有人管、过程有人教、出科有考核"。打造一流华西医学模拟教学体系，获批建设首批国家级实验教学示范中心（临床组组长单位）、国家级虚拟仿真实验教学中心、国家临床教学培训示范中心，累计投入逾亿元，购置3500余件局部模型、高阶模拟人，近100件虚拟仿真设备，并打造29个动物和大体手术台，创新开展从模型到虚拟仿真再到实验动物的进阶式技能培训；2门课程获评国家虚拟仿真实验教学一流课程，10门课程获国际认证。已完成理论课程学习、即将进入临床实习的大四下学期学生参加全国临床医学专业（本科）水平测试成绩名列前茅。

4. 强化医学人文教育

四川大学华西临床医学院2015年成立医学人文教育中心，负责整合医学人文教学资源、推动医学人文学科建设、开展医学人文教育研究。2022年，学院进一步完善组织机构，推动建强医学人文教育中心，以修订2023版本科人才培养方案为契机，重新设计"医学人文素养模块"必修课程，强化美育、医学哲学、医学法律、临床伦理、卫生体系等教育；鼓励教师探索开设"医文交叉"选修课，如"外科医师美学艺术""普通外科学历史与人文""医学美术学""医学定格动画""全科医学叙事课堂"等；策划医学人文教育研讨会和校园活动，如医学人文教育沙龙、"启德杯"医学人文艺术设计大赛、医学与人文大讲堂等，丰富了医学人文教育的内涵与资源，为培养仁心仁术的卓越医学创新人才奠定了坚实基础。

（三）教育国际化

四川大学华西临床医学院高度重视学生国际视野拓展与国际竞争力提升，"走出去"与"请进来"相结合，推动本科生参与国际交流规模提升。

学院积极与境外一流大学建立战略合作伙伴关系，包括与牛津大学、梅奥医学中心、约翰斯·霍普金斯大学等30多所国际著名高等院校及医疗机构建立紧密合作，建立联合研究中心/实验室、海外临床实习及科研实践基地、华西海外中心20余个，推动联合培养、海外实习、暑期课程等近40个交流项目落地，夯实学生国际交流平台，支撑学生课程学习、临床实习、科研培训等国际化。2010—2019年本科生对外交流人数连续十年增长；2020—2022年，创新探索线上线下相结合的国际交流新模式，通过开展线上专项培训、远程课程、学术与人文交流等，持续拓展学生国际视野。

学院借助四川大学"实践与国际课程周"（University Immersion Program，UIP）的平台，开设全英文外教课60余门次，举办"国际名师大讲堂""国际交流营"，使学生不出校门就能和世界名校师生深度交流。在实践与国际课程周以外，在良好的网络和智慧教学环境支撑下，春、秋季常规学期中的全英文国际在线课程也越来越常见。以医学影像技术系为例，自2021年起就与美国匹兹堡大学医学中心（UPMC）合作开设全英文"Overview and Frontiers of Medical Imaging Technology"（医学影像技术概论与前沿）课程，由来自 UPMC 的 20 余名资深一线教师为学生授课，课程内容涵盖影像医学服务概述、X 光、CT 和 MRI 成像基础、介入放射学、核医学、远程放射学、影像技师的人文关怀、放射学中的 3D 打印、医学影像中的人工智能及影像临床研究与创新等，一方面传授前沿专业理论知识与技术，提升学生的自主学习和创新能力，另一方面也提高学生的英语应用能力、跨文化沟通交流能力，拓展学生的国际视野。

作为教育部批准的首批每年可招收 100 名 MBBS（Bachelor of Medicine and Bachelor of Surgery，内外全科医学士）留学生的医学院，四川大学华西临床医学院长期重视来华留学生教育质量同质化，已累计培养来自 30 个国家的 1600 余名留学生。2022 年，学院教务部基于原本科教育国际化办公室和留学生管理科，全新组建"国际化教育科"，打造本科来华留学生教务、学工管理专业团队，进一步促进中外学生教学运行、管理及质量同质化。

2022 年，学院自主创新将中国学生国际交流、国际学生来华交流与 MBBS 来华留学生教育相结合，打造学生国际交流品牌项目——"华西汉语桥"。项目基于学院与美国宾夕法尼亚大学医学院联合举办"Penn Pals 线上医学汉语学习活动"的成功经验，由学院教务部国际化教育科，国际合作与交流办公室，医学英语教研组及临床医学五、八年制学生团队共同开发，项目围绕外籍学生到四川大学华西临床医学院（华西医院）学习和轮转过程中可能遇到的情况，设计了熟悉校园、就诊、住院、中医、医学教育等 8 个环节，将故事以中文、拼音、英语 3 种形式呈现。每期活动都能吸引学院中外本科生 50 余人参加，加强了国际人文交流、拓展了国际视野，并帮助国际学生了解了川大华西文化、中国医疗和医学教育体系。

三、推进新医科教学建设的思考与展望

四川大学华西临床医学院将继续全面贯彻党的二十大精神，坚决贯彻

党的教育方针，落实立德树人根本任务，培养德智体美劳全面发展的社会主义建设者和接班人，毫不动摇地推进新医科教学建设。学院将根据国家和社会需求，进一步探索"医学＋文理工"人才培养新方向；加大投入力度，进一步推进落实新医科人才培养平台和资源建设；结合新修订的2023版本科人才培养方案，进一步更新教学理念与内容；在后疫情时代，进一步加大人才培养国际化力度，实现从国际视野到国际竞争力的提升。

与此同时，学院也将在学校和上级教育主管部门的支持下，进一步总结当前新医科教学建设中存在的问题与不足，推动新医科教学建设高质量发展。一方面，要推动学科交叉进一步走向深入，包括在教学内容上脱离"拼盘式"组合的较低层次，实现深度整合，为新医科人才培养定制适宜教学内容；在教学组织机构建设、师资队伍建设、课程建设、教材建设、教改项目立项等方面加强资源投入；进一步拓宽交叉学科人才的本硕博贯通式培养路径等。另一方面，要推动完善适应新医科教学建设的体制机制，包括为新医科人才培养项目提供更灵活的招生路径、学制设置和学位授予机制，进一步激发教师参与新医科人才培养的动力，进一步优化调整基于传统学科的组织机构设置与资源配置方式等。

四川大学华西临床医学院将坚持基于"两个递进"的人才培养理念，进一步深化"医、教、研协同"，着力培养德智体美劳全面发展的卓越医学创新人才，即兼具"职业素养力、临床胜任力、科研创新力和国际竞争力"的未来卓越医生和医师科学家。

参考文献：

[1] 习近平. 高举中国特色社会主义伟大旗帜 为全面建设社会主义现代化国家而团结奋斗——在中国共产党第二十次全国代表大会上的报告[EB/OL]. (2020－10－25)[2022－10－16]. http://www.gov.cn/xinwen/2022－10－25/content_5721685.htm.

[2] 中华人民共和国中央人民政府. 国务院办公厅关于加快医学教育创新发展的指导意见[EB/OL]. (2020-09-23)[2022-08-04]. http://www.gov.cn/zhengce/content/2020-09/23/content_5546373.htm.

[3] 新华社. 中共中央国务院印发《"健康中国2030"规划纲要》[EB/OL]. (2016-10-25)[2022-08-04]. http://www.gov.cn/xinwen/2016-10/25/content_5124174.htm.

[4] 中华人民共和国教育部. 教育部国家卫生健康委员会国家中医药管理局关于加强医教协同实施卓越医生教育培养计划2.0的意见[EB/OL]. (2018-10-08)[2022-08-04]. http://www.moe.gov.cn/srcsite/A08/moe_740/s7952/201810/t20181017_351901.html.

[5] 彭皓宁, 李子昂, 姜亨, 等. 八年制临床医学专业培养模式改革的探索与效果[J]. 中华医学教育杂志. 2018, 38(3): 325-329.

[6] 张猎, 王涵, 杨帆, 等. 构建医学生"三全育人"体系的研究与实践——以四川大学华西临床医学院为例[J]. 医学教育管理, 2019, 5(2): 190-194.

[7] 蒋婷婷, 金泓宇, 李经纬. 高校医学生创新创业现状研究及模式初探[J]. 卫生职业教育, 2020, 38(7): 13-14.

[8] 卿平, 柴桦. 以课堂教学改革为突破口 培养卓越医学人才[J]. 高校医学教学研究(电子版), 2019, 9(5): 3-9.

[9] 卿平, 曾锐, 金泓宇, 等. 重构教育体系, 推动面向未来的医学教学模式变革[J]. 中国循证医学杂志, 2020, 20(8): 878-882.

[10] 张文婕, 赖亚宁, 卿平. 翻转课堂在临床医学导论课程中的实践探讨[J]. 卫生职业教育, 2021, 39(18): 86-88.

[11] 邓蓓, 王坤杰, 古君, 等. 基于问题的教学方法在外科教学中的应用效果系统评价的再评价[J]. 成都医学院学报, 2021, 16(6): 798-801.

[12] 张文婕, 柴桦, 王澎, 等. 医教协同背景下专职临床教学师资队伍建设的华西实践[J]. 华西医学, 2022, 37(12): 1882-1886.

[13] 柴桦，姚巡，王澎，等. 后疫情时代对医学本科课程与实习在线教学反思：以四川大学华西临床医学院/华西医院为例 [J]. 中国医学教育技术，2021，35（4）：458－462.

[14] 全祉悦，袁欢欢，柴桦，等. 新时代医学人文教育课程体系建设的探索与实践 [J]. 中国医学人文，2023，9（1）：23－27.

[15] 姚巡，柴桦，张猎，等. 厚植育人文化，基于研究型医院培养拔尖创新人才的探索与实践 [J]. 中华医学教育探索杂志，2021，20（10）：1117－1122.

[16] 袁欢欢，全祉悦，孟黎，等. 医学院校教师教学发展中心建设的实践与思考 [J]. 中华医学教育杂志，2023，43（11）：801－806.

川大-华为未来技术学院自主可控信息技术创新人才培养方案和实施策略的研究与实践

刘 辉 赵启军 丁梦蝶 栾新成 王一凌

（四川大学计算机学院）

摘 要：拔尖创新人才与关键核心技术一样，通常是引不进、求不来的，只能靠自己培养。高校作为拔尖创新人才培养的主阵地与科技创新的策源地，是科教兴国战略实施的承载体，也是提高人才自主培养质量的着力点。本文以信息产业自主可控为背景，对拔尖创新人才培养现状、基本内涵进行了研究和探讨，以"川大-华为未来技术学院"为实践平台，构建"红"与"专"双线育人体系，并对阶段性成果进行展示，为未来发展提供参考。

关键词：川大-华为未来技术学院；自主可控；人才培养

一、研究背景

信息产业自主可控是指依靠自身研发设计，全面掌握信息系统产品核心技术，实现信息系统从硬件到软件的自主研发、生产、升级、维护的全程可控。[1] 目前我国的信息产业主要建立在以 Wintel（Intel 的 CPU 和微软的 Windows 操作系统）和"双 A"（ARM CPU 和 Android 操作系统）为代表的国外基础技术平台上，不仅信息产业严重受制于人，国家安全也面临威胁。[2]

2016 年 4 月 19 日，习近平总书记在中央网络安全和信息化工作座谈会上强调"最关键最核心的技术要立足自主创新、自立自强"，为我国以 CPU 和操作系统为代表的自主基础软硬件发展指明了方向。我国的自主基础软硬件发展应该坚持以建立自主可控的产业体系为目标，坚持自主创新。

2018 年 5 月 28 日，习近平总书记出席两院院士大会并发表重要讲话，再次强调要努力实现关键核心技术自主可控，把创新主动权、发展主动权牢牢掌握在自己手中。

发展科技，人才先行。我国信息产业正处于实现核心领域突破和优势领域赶超的重要战略机遇期，因此我们必须加快建设高素质的信息产业人才队伍。[3] 高等教育是自主可控人才培养的重要阵地，如何探索并构建自主可控视域下的人才培养体系，推进人才培养服务新时代人才强国战略，成为信息产业自主可控亟待研究的重要课题。教育部部长怀进鹏在 2022 年全国教育工作会议中指出，在"两个大局"背景下，教育内外环境发生深刻变化，要创新发展支撑国家战略需要的高等教育，推进人才培养服务新时代人才强国战略，推进学科专业结构适应新发展格局需要，以高质量的科研创新创造成果支撑高水平科技自立自强，推动"双一流"建设高校

---

[1] 秦磊华，谭志虎. 强化系统能力 推进信息产业自主可控人才培养 [J]. 中国大学教学，2016（7）：37—43.

[2] 刘权. 我国自主可控信息产业发展对策 [J]. 信息安全与通信保密，2014（9）：42—42，44.

[3] 朱敏，罗永健，刘瑞光，等. 对加速开展自主可控信息系统人才培训的思考 [J]. 计算机工程与科学，2014，36（z1）：199—201.

为加快建设世界重要人才中心和创新高地提供有力支撑。

二、自主可控视域下信息技术创新人才培养研究现状

根据CNKI数据库检索结果统计，不管是在学科/行业领域方面，还是在细分研究主题方面，信息产业相关的自主可控人才培养研究均处于起步阶段，研究成果数量稀少，研究主题呈散点化分布，尚未形成成熟的、体系化的研究系统。

目前在信息产业相关的学科/行业领域中，研究热度最高的是工业经济，占比24.39%；无线电电子学排第2，占比14.63%；计算机软件及计算机应用排第3，占比12.20%；计算机硬件技术排第6，占比4.88%；联网技术排第7，占比2.44%。以上合计占比58.54%。整体上，信息产业具备较高的研究热度。

在细分研究主题方面，2018—2022年研究文献的主题更多聚焦于自主可控的工程化和产业化的具体实现，与人才培养相结合的研究仅1项。但整体上，研究文献数量呈现逐年走高的态势。

三、信息产业自主可控人才的基本内涵

信息产业是一种高度智力密集型、高技术渗透性的综合产业，而人才则是推动信息技术创新的重要源泉，也是信息产业持续发展的基本保障。在我国，由于信息产业起步较晚，自主可控技术方面的基础相对薄弱，面临的竞争压力较大，因此对于信息产业自主可控人才的素质有着明确的要求，具体涉及以下几个方面[①]。

---

① 秦磊华，谭志虎. 信息产业自主可控人才培养问题研究［J］. 科技管理研究，2016，36（1）：37—41.

（一）政治素质过硬

首先，我国信息产业在基础核心技术方面相对薄弱，缺乏强大的开发和创新能力，与发达国家和地区存在明显差距。因此，信息产业科技人员必须具备艰苦奋斗的作风和敢于拼搏的精神，才能实现核心技术的突破。[①] 其次，信息产业自主可控关乎信息安全和国防安全，因此要求从业人员具备卓越的思想素质，包括高度的思想觉悟、政治水平、保密意识和深厚的爱国情感等。

（二）知识体系合理

信息产业涉及硬件、软件、系统集成、制造工艺等多个方面。无论是研发、生产、工程实施还是系统维护等环节，都需要不同技术领域的知识融合与渗透。因此，信息产业的工程技术人员需要具备宽广的知识背景。除了专业知识，他们还需要拓展横向的知识领域，成为既精通一门专业又掌握多个领域技能的复合型人才，这将成为未来信息产业自主可控人才需求的主流方向。[②]

（三）专业基础厚实

信息技术飞速发展，新技术、新产品、新工具、新方法层出不穷。信息产业自主可控专业人才必须具备高超的专业能力和坚实的系统能力，才能快速适应并掌握多变的信息技术。[③] 此外，从业人员在信息产品的研

---

① 谭志虎，秦磊华，胡迪青. 面向系统能力培养的计算机专业实践教学模式［J］. 中国大学教学，2017（9）：80-84.
② 林涛. 基于开源理念的信息类专业人才培养探究［J］. 中国标准化，2022（22）：218-222，226.
③ 朱培栋，胡罡，杜秀春，等. 自主可控信息系统研发建设需求与计算机网络人才培养［J］. 教育教学论坛，2011（9）：117-118.

究、设计、开发、生产,以及信息系统的集成和建设中,也必须拥有甄别、选择适宜技术和开发工具的能力,以确保信息产品和信息系统具有先进性、稳定性和可扩展性。

(四) 创新能力优异

创新是信息产业自主可控人才素质的核心和灵魂。信息产业面临的最大挑战是如何增强创新能力。信息产业自主可控人才需要具备多方面的创新能力。[①] 一方面,他们需要具备软硬件开发、集成电路制造、信息产品及系统研制等方面的原始创新能力。另一方面,他们需要具备技术集成创新能力,将已有的信息产业相关知识产权和现有资源进行整合,实现技术集成创新。此外,他们还需要具备学习国外先进技术并进行引进、消化、吸收和再创新的能力。

(五) 工程能力突出

工程师最基本、最重要的素质就是工程能力。在信息产品从硬件到软件的自主研发、生产、升级、维护以及信息系统集成应用过程中,会遇到许多实际问题,这些问题往往是不确定的,甚至包括未曾发现的科学和技术问题。因此,工程师必须使用解决工程问题的特定手段和方法,独立思考和分析所遇到的问题,抓住复杂多变的实际问题的主要矛盾,采取合理、经济、简便的方式进行分析并解决问题。[②]

[①] 张姚姚. 数字经济背景下我国自主可控产业价值链构建机理研究 [D]. 江苏:东南大学, 2021.

[②] 韩扬眉. 信息产业急需"会造计算机的人才" [N]. 中国科学报, 2022-11-30 (3).

四、川大－华为未来技术学院自主可控信息技术创新人才培养举措

（一）川大－华为未来技术学院

2019年8月24日，四川大学与华为公司签署了《创新人才中心校企合作协议》。双方依据专业建设和人才培养需求，共同探索校企联合培养人才模式，共同建设"川大－华为ICT学院创新人才中心"（川大－华为未来技术学院）。在计算产业关键核心领域（操作系统、数据库、CPU、智能计算芯片、人工智能计算框架等），进行以人才培养为目标的深度合作，鼓励和推动学生、教师、研究人员基于华为鲲鹏（通用计算）、昇腾（智能计算）生态开展教学与学习，并进行科研创新与成果转化。双方依据高校专业建设和人才培养需求，发布人工智能（AI）、大数据、云计算、物联网、通信等相关专业的新工科人才培养计划。

（二）培养举措

根据对信息产业自主可控人才的基本内涵以及相关人才培养的问题与不足的分析研究，不难发现，基于川大－华为未来技术学院的自主可控信息技术创新人才培养任务的难点和重点聚焦在三个方面：第一，如何有效地加强拔尖创新人才的思想价值引领，培养学生主动投身国家重大战略需求的高远志向；第二，如何加强顶层设计，系统化地提升拔尖创新人才的专业能力素养；第三，如何调配资源，将信息产业自主可控技术有机地融入现有的人才培养体系中。

以解决以上三个问题为目标，结合川大－华为未来技术学院建设目标与内涵，以及学院具体情况，制定具体举措如下：

针对问题一，构建"1讲堂＋5阵地＋2平台"的自主可控文化育人

体系。其中，"1讲堂"指举办"珠峰大讲堂之大师论道"系列讲座，邀请科学家、知名学者等走进校园，开展专题报告，引导学生瞭望信息产业前沿科技，用伟大的精神、先进的事迹为学生塑报国魂、筑强国梦。"5阵地"指打造以"川大核心通识课程＋川大思政榜样课程"为示范的课程思政阵地，以"走进创新一线，紧跟重大国需"为主题的创新实践教育阵地，以培养拔尖人才创新创业精神为目标的高水平学科竞赛阵地，以"华为智能基座合作课程"为辐射点的自主可控技术宣导阵地，以"拔尖人才红色铸魂活动"为载体的爱国主义教育阵地。"2平台"指加强川大智能基座学生社团建设，构建企业－学生学习交流平台；以"用聆听跟进学术前沿，用交流提升学术能力"主题，铸造"拔尖学生学术年会"品牌活动，构建思想引领、学术交流、思维碰撞的创新育人平台。

针对问题二、问题三，构建"三进三联"的自主可控信息技术人才培养模型。其中，"三进"指国产核心技术进教材、进课堂、进实践，"三联"指理论联系实际、学校联系产业、传统联系前沿。

五、川大－华为未来技术学院双线育人体系进展与成效

（一）思想价值引领成效初显

"拔尖学生学术年会"品牌活动受到学校与师生的一致肯定，并在教育部拔尖计划2.0线上书院官网予以展示。

大师论道讲座和青年讲坛每学年举办2期，目前已邀请两院院士、知名科学家、知名学者、优秀工程师等10余人走进校园，与学生零距离交流沟通。

学院联合华为、腾讯、百度、中国移动、华迪等知名IT企业建立合作基地或实践平台，积极引入企业创新实践导师和产业导师，为学生实践能力培养提供坚实硬件条件支撑；通过新生入学教育、毕业典礼、IT企

业实习实训、企业前沿沙龙等活动，让学生在一线接受实践教育，树牢爱国情、报国志。

（二）国产核心技术有机融入

1. 教材改革方面

与华为公司合作编写"新一代人工智能实践系列教材"之一《深度学习技术基础与实践》。该教材经教育部计算机教指委审核认定，正式纳入2022年度教育部－华为"智能基座"优秀教学资源。

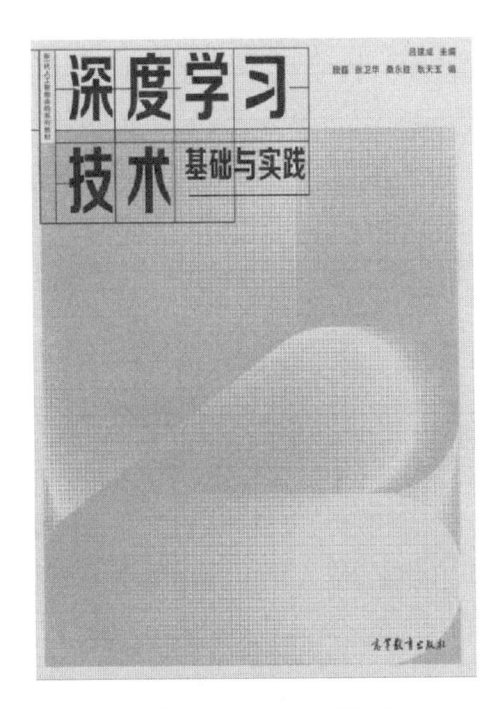

《深度学习技术基础与实践》封面

2. 课程改革方面

将已经开设的 10 余门专业课程设立为华为"智能基座"建设课程，其中包括"程序设计基础""计算机组成原理""数据库系统原理""操作系统原理""计算机网络"等专业核心必修课程，以及"人工智能导论"

"机器学习""模式识别引论""计算机视觉"等专业选修课程。通过修订课程教学大纲，改进教学方式，在课程教学内容中引入国产核心技术，推动基于华为鲲鹏（通用计算）和昇腾（智能计算）生态的自主可控技术工程人才培养。

专业核心必修课程方面，以"数据库系统原理"课程为例，完成了国产 Gauss 数据库的教学课件设计，实践了教学环境搭建，推广了 Gauss 数据库在教学和科研中的应用。专业选修课程方面，以"计算机视觉"课程为例，完成了慕课建设。联合华为专家，设计开发了基于华为提供的人工智能资源的慕课，完成了视频录制，同时提供了课程配套的教学大纲、课后习题以及实验代码。

结合技术发展趋势，新开设华为技术相关课程四门，包括 1 门四川大学通识教育核心课程"创客创未来：零基础智能设计与实践"和 3 门专业选修课程"边缘计算原理、技术与实践""基于 HarmonyOS 的智能物联系统快速开发实践""玩转智能硬件"。其中，通识教育核心课程面向非计算机类专业学生，培养学生基于国产核心技术的计算思维；专业选修课程则面向计算机类专业学生，培养学生基于国产核心技术的实践能力。

通过以上课程改革，已陆续将鲲鹏处理器、Euler 操作系统、Gauss 数据库（线上/线下）、鲲鹏云、昇腾 AI 处理器、华为云 EI 企业智能应用、软开云、Atlas 智能边缘平台等内容导入课程，实现华为计算生态全覆盖，让学生能够接触到华为最核心、最新的计算技术。

与此同时，3 位任课教师获得首届（2021 年度）四川大学－华为"智能基座"产教融合协同育人基地奖教金，近 20 位本科生获得首届（2021 年度）四川大学－华为"智能基座"产教融合协同育人基地奖学金。同时也催生出一批以华为计算生态为基础的"双创"成果，以"互联网＋"大学生创新创业大赛（华为产业赛道）为例，共有 4 个项目获得国家级、省级、校级奖项（见表1）。

表1 以华为计算生态为基础的"双创"成果

项目名称	获奖等级
基于昇腾全栈AI软硬件平台技术,探索有具体落地场景的技术应用创意作品	国家级银奖（华为产业赛道）
基于华为云EI能力构建"医疗＋AI"解决方案	省级铜奖（华为产业赛道）
基于昇腾算力及CANN的创新应用	校级一等奖（华为产业赛道）
基于昇腾MindX SDK应用开发套件、开发面向行业应用场景的创意AI应用	校级二等奖（华为产业赛道）

其中，"帷胜"本科生项目团队，荣获第七届中国国际"互联网＋"大学生创新创业大赛全国总决赛华为产业赛道银奖。项目基于昇腾软硬件开发平台，使用深度学习图像识别以及RTK高精度定位等技术，致力于研发一款新型的无人载具控制系统，实现多场景的无人作业和智能分类，为行业带来全面革新。

"互联网＋"国家级银奖项目：基于Altas200边缘计算的无人载具控制系统

3. 实践平台建设方面

牵头申报并获批教育部"计算机组成与结构"虚拟教研室。本教研室与教育部—华为"智能基座"项目紧密结合，以"计算机组成与结构"相关课程为载体，由具有不同行业特色的多所高校的教师通过广泛而深入的交流，探索将国产化核心技术融入课程内容中，与产业界合作创新理论和实验教学方法，根据国产化技术的新进展动态更新课程内容，共同打造国产技术生态，将自主可控真正贯彻到育人实践中。

建成四川大学－华为"智能基座"学生社团，将其作为学生课外进行自主可控信息技术创新实践的平台。社团注重学科交叉，由计算机、软件、电子、机械、电气、网络安全、华西临床、化工等多个学院的学生组成。社团免费为学生提供实践和项目开发所需的设备，实现课堂内外、学与做的无缝衔接，将专业知识与实践紧密结合。社团积极利用企业力量帮助学生团队创业，实现协同育人的目标。此外，社团还与华为合作孵化大学生"双创"项目，组织参加学科竞赛。目前已完成本科生"双创"项目1项，并以"优秀"等级通过结题验收。与此同时，还获得了2020华为杯物联网设计竞赛华中及西南区一等奖、2021年中国国际"互联网＋"大学生创新创业大赛国赛金奖和银奖各1项。负责社团工作的张卫华老师入选2021年度教育部－华为"智能基座"优秀教师奖励计划（全国共入选20名）。

六、结语

信息产业已经成为我国国民经济的重要战略性、基础性和先导性产业。在国民经济和社会发展中，信息产业自主可控不仅是迫切需要的，也是实现国家信息安全的关键所在。高等教育是自主可控人才培养的策源地，如何探索和建立自主可控人才培养体系，推动人才培养服务于新时代的人才强国战略，成为信息产业自主可控亟待研究的重要课题。

本文在信息产业自主可控视域下，以川大－华为未来技术学院建设实践为载体，针对自主可控信息技术创新人才培养方案和实施策略展开研究，并对现阶段取得的成果进行展示，为未来发展提供参考。

党的二十大精神指引下
生物医学工程本科生科研训练的教学改革初探[*]

苏葆辉

(四川大学生物医学工程学院)

摘　要：跨学科交叉融合是高校学科发展和培养拔尖创新人才的必然趋势。以党的二十大精神为指引，在"双一流""新工科"背景下，针对目前四川大学生物医学工程专业本科生科研训练中存在的实际问题，本文改革现有科研训练的方式，摸索建立适应时代要求的、科学创新的、跨学科交叉融合的新模式。大力推进"三进"主渠道建设，坚持不懈用新时代中国特色社会主义思想铸魂育人，在科研训练中有机融入党的二十大精神，推动党的创新理论入脑入心，使学生真正做到融会贯通，以期提升本科生的科研创新能力。

关键词：党的二十大精神；"三进"；生物医学工程；科研训练；教学改革

---

[*] 本文由四川大学高等教育教学改革工程（第十期）研究项目（SCU10329）和四川大学党的二十大精神"进教材、进课堂、进头脑"研究生教学改革专项（SJYJ2023029）资助。

力学力行 善作善成
——党的二十大精神"三进"教学改革研究与实践

一、引言

教育是国之大计、党之大计。习近平总书记所作的党的二十大报告首次将"实施科教兴国战略,强化现代化建设人才支撑"作为一个单独部分,充分体现了教育的基础性、战略性地位和作用,并对"加快建设教育强国、科技强国、人才强国"做出全面而系统的部署。党的二十大报告明确提出,"教育、科技、人才是全面建设社会主义现代化国家的基础性、战略性支撑。必须坚持科技是第一生产力、人才是第一资源、创新是第一动力,深入实施科教兴国战略、人才强国战略、创新驱动发展战略,开辟发展新领域新赛道,不断塑造发展新动能新优势",对"坚持教育优先发展、科技自立自强、人才引领驱动,加快建设教育强国、科技强国、人才强国"进行整体谋划,并将"建成教育强国、科技强国、人才强国"纳入2035年我国发展的总体目标。《中国教育现代化 2035》[①] 在理念上更加注重融合发展、共建共享,进一步推动了交叉融合新型人才培养的创新发展。

生物医学工程作为一个大跨度、多学科、深交叉的学科领域,是生命科学、医学与现代工程科学的有机结合。目前,生物医学工程与其他学科的交叉越来越广泛、越来越深入,相对于传统的工科人才,未来新兴产业和新经济需要的是实践能力强、创新能力强、具备国际竞争力的高素质复合型新工科人才。对本科生的学科交叉培养,能有效地提升其多学科知识储备,锻炼其创新思维,刺激其创新欲望。本科生的跨学科培养必将成为科学成果创新的重要基础。

习近平总书记在党的二十大报告中强调:"培养什么人、怎样培养人、为谁培养人是教育的根本问题。育人的根本在于立德。全面贯彻党的教育

---

① 中共中央国务院印发《中国教育现代化 2035》[N]. 人民日报,2019-02-24(1).

方针，落实立德树人根本任务，培养德智体美劳全面发展的社会主义建设者和接班人。"三进"即"进教材、进课堂、进头脑"。"进教材"是"三进"工作的基础和保证；"进课堂"是"三进"工作的核心和关键；"进头脑"是"三进"工作的理想和目标。坚持不懈用新时代中国特色社会主义思想铸魂育人，要求高校的各教育层面都要有机融入党的二十大精神，推动党的创新理论入脑入心，使学生真正做到融会贯通。

以党的二十大精神为指引，顺应新一轮科学技术革命和产业革命的发展趋势，以及适应新一轮高考改革不分文理，强调学生的综合能力和素养的要求，我们要坚持以问题和需求为导向，注重跨学科课程资源的开发与整合，走开放、融合、自适应的新工科建设之路。因此，当下深入探讨我国高校多学科交叉融合新工科人才培养问题，不仅必要，而且紧迫。

针对四川大学生物医学工程本科生科研训练中存在的实际问题，以党的二十大精神为指引，我们对现有生物医学工程本科生科研训练的教学方式进行了一些探索及改革。

二、生物医学工程本科生的科研训练存在的问题

（一）缺乏跨学科产学研交叉培养平台

在"双一流""新工科"建设背景下，生物医学工程本科生的科研训练首先需要以社会问题和实际需求为导向，注重跨学科课程资源的开发与整合，走开放、融合、自适应的新工科建设之路。这就需要建立跨学科产学研的交叉培养平台。而目前国内大部分生物医学工程本科生的科研训练内容往往比较单一、局限，与实际需求脱节，不适应新时代的要求，不利于对学生进行交叉创新能力的培养。

（二）缺乏大学科意识，亟待建立多学科交叉融合的科研训练导师体系

跨学科学生的培养教育对于专业导师的要求日渐严苛。导师是跨学科学生培养过程中的第一责任人，而目前负责生物医学工程专业科研训练的导师的学科背景往往比较单一。因此，树立大学科意识，强化导师团队自身跨学科能力的培养变得尤为关键。

（三）学生科研视野不够开阔，学习兴趣有待提高，缺乏科研交流

由于生物医学工程是交叉学科，本科专业的基础课程涉及多学科领域，往往会出现学生学习课程量较大、时间安排紧张、学习压力大等各种状况，学生能实际参加的学术讲座和科技交流活动有限，缺乏了解学科前沿动态的机会，科研视野不够开阔。有些学生反映课堂学习内容与科研训练实践脱节，致使其学习的动力和兴趣不够。同时还存在学生研发出的科技成果得不到及时有效的交流和转化的情况。这些问题严重限制了学生创新能力的提升。

（四）创新创业类竞赛参赛率不高，集体合作意识亟待加强

目前，生物医学工程专业的部分学生，只关注自身的学习成绩，不太清楚创新创业类竞赛的各种信息和要求，不愿意参加创新创业类竞赛，导致参赛率不高。另外，部分学生的集体合作意识淡薄，不利于毕业后实际工作的开展。

（五）科研训练的管理和考核机制不够完善，督促力度不够

目前，生物医学工程专业的学生在科研训练执行过程中存在一些问

题，比如：少数学生申请项目时积极性高，热情饱满，但持续时间不长，特别是项目得到资助后就很容易松懈下来；申请的学生中，大三、大四的学生比例较大，但这部分学生申请之后很快便要进入考研和找工作的筹备阶段，不少学生不能按时完成项目任务，不能及时顺利结题，给后面学生的申请造成不良影响；涉及多学科交叉或者是由不同学院、不同专业、不同年级的学生共同参与的科研项目，跟企业的合作项目等，因构成要素复杂，过程管理的难度往往更大。

三、改革方法与措施

（一）服务国家大健康战略，建立跨学科、跨专业的校企产学研多元合作新体系

与生物医学工程领域的知名企业、医院、医疗设备生产销售商以及用人单位等建立多元合作关系，克服生物医学工程本科生科研训练内容由专业教师包揽，与社会需求脱节的问题。根据社会企业的实际需求，将跨学科的科研训练内容与侧重实践的教学内容相结合，以挑战性科学（或工程）问题为牵引，校企合作共同开发特色科研项目、特色实训指导方案，共同探讨跨学科、跨专业、交叉融合的人才培养模式。企业工程师与专业教师进行双向交流，一线优秀工程师来校或者线上指导，专业教师去企业实践锻炼，保证生物医学工程本科生的科研项目内容与实际工作岗位要求充分接轨。邀请来自生物医学工程相关知名企业（如德国西诺德公司、美国3M公司、中国新骅光集团等）的工程师、业务员开办讲座并为学生提供专业的项目指导。安排学生进入这些企业和公司的研发部门进行线下线上参观或者短期实习，了解目前的先进企业对复杂工程问题的解决方式。在此基础上，导师团队和学生对课题的可行性进行探讨、完善，让学生在尝试的过程中培养独立自主的创新能力。

朝着以项目为牵引的科研训练方式转变，是培养创新型、引领型人才的趋势。科研训练内容应具有前沿、新颖、挑战、跨学科、跨专业等特点。在多元合作新平台下，能更好地培养学生的创新能力和全球视野。在此过程中，应注重学生的国际化和精细化培养，强调学生的多元化发展，为学生提供更加多元的选择机会和贯通途径。

（二）树立大学科意识，建设具有多学科交叉融合特色的科研训练导师体系

以"精通本领域、懂学科交叉、双向可交流"为目标，积极对导师进行交叉领域的知识培养，以提升教师素质，建设具有多学科交叉融合特色的科研训练师资队伍，弥补交叉融合领域的教育缺口。为专业教师量身定制培训计划，包括学期间的跨学科听课、进修交流、定期的企业实践等。在培训过程中，教师将拓宽其交叉领域的专业知识面，积累跨学科教学案例，提升多学科交叉领域的教学科研能力，实现教师由单学科向多学科融合的转型。积极打破学科专业壁垒，共享校企教学资源，营造良好的跨学科氛围，为跨学科人才培养提供支撑保障。实现由"单一导师"向"导师团队"的转变，切实开展科研训练的指导小组工作。

跨学科交叉的受益对象绝不仅仅是学生，经过导师团队的协作，教师们也在教学理念、教学方法、专业技能上得到了不同程度的提高，而这又能更好地服务于教学。

（三）进行与生物医学工程本科课程相结合的多学科交叉融合的科研训练，营造多学科交叉创新氛围

针对生物医学工程本科生科研训练实践内容与学生所学课程存在脱节的问题，我们借助多学科交叉平台，融合本科教学和科学研究，利用实际案例，使课程理论教材内容与实践相结合，使学生能够将课堂所学知识应

用于实践中，真正让教材内容入脑入心。

对于生物医学工程本科生科研视野不够开阔的问题，应充分利用本校的综合性优势，以学校、学院开展的各种学术活动为基础，邀请不同领域的专家、学者来我校开展学术讲座和交流活动。负责科研训练的导师应将各种学术讲座的信息及时公布给参加科研训练的本科生，并制定一套参与鼓励考核体系，鼓励学生积极参与，珍惜与著名学者交流的机会，了解多学科的前沿动态。以培养引领未来新技术和新产业发展的跨学科人才为目标，应不断提升学科交叉广度，推动多学科优势转化为创新优势，拓展学生的科研视野和思路，激发学生主动探究的热情。

根据党的二十大报告中关于加快建设数字中国的系列部署，教育系统将积极深入实施教育数字化战略行动，将国家智慧教育平台打造成教育领域重要的公共服务产品，不断推动教育变革和创新，构建网络化、数字化、个性化、终身化的教育体系，加强部门间、地区间政策协调，促进学校社会资源共享，形成方式更加灵活、资源更加丰富、学习更加便捷的全民终身学习推进机制。基于此，我们应充分利用国家打造的优秀数字化平台，不断帮助学生拓展科研视野和提高学习热情。

在跨学科、跨专业、交叉融合的校企产学研多元合作新体系下，鼓励不同专业、不同学院和不同年级的学生在同一科研项目中一起学习，取长补短，共同进步。同时，专兼结合，积极邀请优秀毕业校友和企业一线优秀工程师来校进行特色核心技能、典型科研项目（如德国西诺德公司、美国3M公司等的先进生物材料、各种表面处理技术、最新医疗设备等）的讲授，他们社会工作经验丰富，对实际工作中遇到的问题讲解透彻，实操演示性强，能有效激发学生的学习兴趣。

针对目前学生科研训练成果缺乏交流、科研思维单一化的问题，应积极开展学术成果交流活动。例如，将学生在科研训练、大学生创新创业项目中取得的成果置于校园网站中进行宣传；组织召开成果报告会，争取将其推广到生产实际中去，以增强学生所取得的科研成果的影响效力，给同班同学或者低年级的同学传递最新研究成果并发挥良好的科研带动作用，这种榜样的力量将对其他学生产生更加深刻的触动。为了营造多学科交叉创新氛围，可以鼓励学生走出去参与校外访问交流活动或者自办学术沙龙等。跨学科交流可以帮助学生吸收不同学科独具特色的研究方法和思维方式，这种研究方法和思维方式在加以改造、整合之后，将形成学生自己的风格，使之更具广阔性、深刻性、批判性、独立性和灵活性，形成综合型的思维方式。

（四）积极鼓励学生参加创新创业类竞赛，形成良好的群体合作意识

针对我校生物医学工程本科生对创新创业类竞赛参赛率较低等问题，应加大对创新创业类竞赛的宣传力度，对学生的实践能力和创新素质分阶段、有层次地进行培养和训练，待学生的能力达到一定水平后，鼓励学生展示自己，参加各种竞赛（如"生物医学材料设计大赛""挑战杯""互联网＋"大赛等）。除了国家级、市级、校级的比赛外，学院可以根据自己的专业设置、课程体系、培养方案和师资等，设置符合学院发展和学生成长需求的创新科技竞赛，激励学生勇于创新、多出成果，以提高学生的创业素养，促进学生课外创新创业活动的蓬勃发展，发现和培养具有创业潜质和能力的优秀人才。

另外，群体合作是现代社会完成重大工程项目、解决复杂问题的必然要求，它能使群体中的个人取长补短，相互激励和促进，是现代科学技术高度综合、高度社会化形势下科技创造的最常见、最基本、最主要的形式。多学科交叉融合的科研训练实践和参赛等过程，就是能很好地锻炼学生群体合作意识的途径。

（五）优化跨学科科研训练的管理和考核机制，增大督促力度

跨学科交叉的培养是一项较复杂的系统工程，涉及基础学科建设、导师队伍组建、科研实力培养等多个环节，每个环节都离不开严格的管理，而管理的核心问题是要建立严格的考核机制。在培养过程中，我们需要研究生物医学工程本科生科研训练的标准，寻求其与考核方法的结合点。

在考核过程中，除了重视学生已掌握的知识范围，还应鼓励学生学习专业外知识，加强研究领域的分析能力和实操能力，提高他们在决策和实施方面的关键潜力，以此助力提升学科能力。实践活动能力的培养也应当作为考核的一项要求，此项能力更能体现注重过程培养的跨学科考核机制的优点，使学生在未来激烈的就业竞争中处于优势。跨学科的理论学习能力考核，主要是结题报告的凝练和撰写，这也是跨学科科研训练期间各种能力的综合体现，可以直接展现学生的理论研究与学术水平。

指导教师应该有针对性地精心组织、加强过程管理、增大督促力度，特别注意与企业方协调，确保学生顺利完成科研训练，保证跨学科交叉培养任务的完成。充分发挥多学科的优势，加大学科交叉融合，优化过程考核机制，以期创建切实可行的考核方案。

（六）思政建设贯穿科研训练的全过程

习近平总书记指出："要用好学校思政课这个渠道，推动党的历史更好进教材、进课堂、进头脑，发挥好党史立德树人的重要作用。"思政课是落实立德树人根本任务的关键课程，关系到"培养什么人、怎样培养人、为谁培养人"这一根本问题。高校要从党和国家事业发展全局的高度，坚守为党育人、为国育才，用好思政课这个渠道，将党史学习教育融入立德树人全过程，努力培养担当民族复兴大任的时代新人。

在科研训练中，我们一定要按照习近平总书记的指示，使思政建设贯

穿科研训练的全过程。教学团队中不同学科背景教师的思维碰撞，将激发更多课程思政的切入点。校内生物医学工程专业的教师主要从社会责任感、民族自豪感、健康的生活态度等方面提炼思政元素；而企业导师对各种社会问题理解更加深刻，他们可以提炼人生哲学，关联人生态度。整个教学团队形成合力，润物无声地对参加科研训练的学生进行全程思政教育。

四、结语

在全球新一轮科技革命和产业变革中，跨学科交叉融合已成为不可阻挡的时代潮流，这正对各国经济社会发展产生着战略性和全局性的影响。生物医学工程的发展是多学科融合、互促、共进的结果，与其他学科交叉是生物医学工程未来取得突破性进展的关键。

随着我国科研实力的提升，在"双一流""新工科"建设背景条件下，国家、学校、教师和学生4个层面，都对高水平的本科生科研训练有很大的需求。笔者以党的二十大精神为指引，在结合自身经验的基础上，针对生物医学工程本科生科研训练中存在的实际问题，对现有科研训练的方式进行了一些探索并提出了一些改革建议。应大力推进"三进"主渠道建设，坚持不懈用习近平新时代中国特色社会主义思想铸魂育人，在科研训练中有机融入党的二十大精神，推动党的创新理论入脑入心，使学生真正做到融会贯通，以提升本科生的科研创新能力。

新时代川大特色生物科学拔尖创新人才培养

张大伟

(四川大学生命科学学院)

摘　要：创新是引领发展的第一动力，培养具有自主创新能力的拔尖人才是国家科技创新和产业发展的关键所在。四川大学生命科学学院深入学习贯彻党的二十大精神和习近平总书记关于"着力造就拔尖创新人才""全方位谋划基础学科人才培养"的重要指示精神，对新时代川大特色生物科学拔尖创新人才培养进行了一系列有益探索：实施具有川大特色的跨学科融合培养计划；推进个性化优材培养计划，打造生物科学拔尖创新人才培养高地；推进多元化合作培养计划，拓展生物科学拔尖创新人才国际视野；推进系统化管理服务计划，改善生物科学拔尖创新人才培养条件；推进全方位教学改革计划，提高生物科学拔尖创新人才培养质量；推进可持续育人生态计划，优化生物科学拔尖创新人才成长环境。

关键词：生物科学；拔尖创新人才；高等教育

人才是推进现代化进程、实现民族振兴、赢得国际竞争主动权的战略资源。习近平总书记在党的二十大报告中指出：坚持教育优先发展、科技自立自强、人才引领驱动，加快建设教育强国、科技强国、人才强国，坚持为党育人、为国育才，全面提高人才自主培养质量，着力造就拔尖创新人才，聚天下英才而用之。我国拥有世界上规模最大的高等教育体系，培养人才是国家和民族长远发展的大计，当今世界人才的竞争首先是人才培养的竞争。创新是引领发展的第一动力，培养具有自主创新能力的拔尖人才是国家科技创新和产业发展的关键所在。同时，教育是国之大计、党之大计。培养什么人、怎样培养人、为谁培养人是教育的根本问题。必须坚持为党育人、为国育才，落实立德树人根本任务。

为深入学习贯彻党的二十大精神和习近平总书记关于"着力造就拔尖创新人才""全方位谋划基础学科人才培养"的重要指示精神，切实加强新时代四川大学基础学科拔尖创新人才培养，贯彻落实《新时代四川大学基础学科拔尖创新人才培养实施方案》的"聚焦强化"、三个要素、四个核心、四个机制的指导思想，四川大学生命科学学院（简称"我院"）对新时代川大特色生物科学拔尖创新人才培养进行了一些探索。

一、具有川大特色的跨学科融合培养计划

（一）"化生医"基础学科跨门类培养平台的建设

生物科学是人们观察和揭示生命现象、探讨生命本质和发现生命内在规律的科学。在经历了新冠病毒肆虐之后，我们更能体会到生物科学这门与人类健康和生活息息相关的学科对社会发展的重要性。跨学科合作和多学科交叉实践是实现生物科学社会应用的重要一环，为此，应构建具有川大特色的"化（化学）生（生物学）医（基础医学）"基础学科门类培养平台，实现课程体系设置、科研训练实践、综合素养培育、学业生涯发展四个方面的融合，全面落实多交叉的培养理念，发展学生核心素养，提高学生学以致用的能力。

（二）本硕博跨学段贯通衔接

为了保证生物科学拔尖创新人才成长的连续性和高效性，鼓励有兴趣有志向的学生通过本硕博衔接培养成为面向国家重大战略需求的拔尖创新人才，我院制定了"3＋1＋5"本硕博贯通式培养方案。前三学年侧重基础知识学习和跨学科学习能力培养，三年级末进行阶段性考核，通过考核者大四学年可以提前修读研究生阶段课程，做到本科生、研究生学分互认。同时学生在学业导师的指导下，可以实现本科生到研究生的研究工作的连贯。

（三）跨学科导师组制度

一方面，继续推进落实跨学科导师职责。整合校内化学、基础医学、公共卫生、生物医药等相关学科和科研平台的优势资源，聚集校内相关学科的名师大家作为院外导师，和院内导师一起共同培养拔尖创新人才。另一方面，继续实行国内外双导师制，即为每一位拔尖班学生配备一名院内导师和一名国外（境外）导师，指导学生开展科研创新活动，对学生进行专业化、个性化培养。

二、推进个性化优材培养计划，打造生物科学拔尖创新人才培养高地

（一）完善生物科学拔尖创新人才培养方案

以因材施教、个性化培养的原则为指导，根据学生的学术兴趣和科学潜质制订更加开放、灵活的个性化、动态化、定制化的人才培养方案，为拔尖学生培养提供宽松的学习环境和制度空间。

在大一、大二学年强化跨学科通识能力培养和学习专业基础知识的基

础上，大三学年注重专业核心能力和跨学科能力的培养，大四学年则主要强化学生科研能力和实现本硕博贯通式衔接。同时实行完全学分制，根据学生的学术兴趣和科学潜质，制订一人一案的个性化人才培养方案。

继续强化首席专家负责制。首席专家负责拔尖学生培养计划实施过程中人才培养体系的设计，对培养方法和环境、教改思路与途径等进行全面把握。

（二）优化生物科学拔尖创新人才课程体系

针对不同时期学生所具备的基础能力和科学潜质，推荐进阶的经典文献给拔尖学生学习，并制订更具挑战性、创新性、高阶性和科学性的课程体系，实现"通专融合、学科交叉"。课程体系上做到科学、工程技术、人文教育的有机融合，教学内容上要实现理论知识和实践操作相互统一。继续落实和改进探究式、研讨式、启发式的教学模式。由于生物科学是一门实践性很强的实验性学科，在实验教学上要实现"进阶式"实验教学模式，逐步培养和提高学生的实践动手能力。

（三）积极开展"生物科学拔尖创新人才培养"相关的教学研究

随着时代的变迁、社会的发展，人才培养模式也在不停地改进。为了让人才培养模式能跟上新时代的人才需求，我院大力支持"生物科学拔尖创新人才培养"的相关教学研究和改革。2022年，我院获得四川省教学成果奖一等奖1项、二等奖1项。相关的教学研究工作对生物科学拔尖创新人才培养模式的改革提供了有力的理论支撑。

（四）畅通"天才"学生选拔培养绿色通道

新时代拔尖学生的选拔不应该仅仅局限于"传统意义上的优秀学生"。

"以成绩论英雄"早已不再是学校选拔人才的唯一方式,在拔尖学生的选拔培养过程中,我院一直坚持多元评价学生的学术潜质和综合表现。为了"不拘一格降人才",我院从个人天赋、能力发展和社会责任三个维度对拔尖创新人才进行考察,并积极探索多种人才选拔渠道,如通过我院所承担的"中学生英才计划",吸引并遴选部分具有创新潜质的优秀中学生进入拔尖班。同时,加强"强基计划"和"拔尖计划"的招生宣传工作,并在学生入校后,面向全校开展二次选拔,充分发掘对生物学科领域具有特殊兴趣、爱好、专长和潜质的学生,对其开展拔尖创新人才的培养。

三、推进多元化合作培养计划,拓展生物科学拔尖创新人才国际视野

(一)设立国(境)外访学研学项目

习近平总书记指出:"推进教育现代化,要坚持对外开放不动摇,加强同世界各国的互容、互鉴、互通。"为拓展学生的眼界,我院一直坚持支持拔尖学生参与高水平国际学术会议以及与其他高校的交流学习项目。为此专门设置国(境)外访学研究项目,支持低年级学生到国(境)外参加短期学习交流,支持在高年级学生中开展国(境)外学术研访和联合培养工作,保证每位生物科学拔尖学生、"强基计划"学生在校期间至少参加1次国(境)外知名大学、科研院所、国际组织或知名企业的学术交流和实习锻炼。

(二)优化配置国际化优质教育教学资源

我院积极落实国内外"双导师制",外方导师通过线上交流定期指导学生。同时,充分利用国外一流高校或著名科研机构的资源,引进国(境)外一流大学的优质在线开放课程,并继续聘请国(境)外高水平教

授讲授部分课程，使学生能够接触到世界科学文化研究最前沿、最尖端领域，进而融入国际一流学术群体。在此基础上，依托与国外（境外）学校的良好合作关系，在瑞典乌普萨拉大学和以色列本古里安大学建立长期稳定的海外科研实习基地，并进一步开拓新的海外科研实习基地，为拔尖学生的海外科研训练提供条件保障。

四、推进系统化管理服务计划，改善生物科学拔尖创新人才培养条件

为了优化和改善拔尖学生管理和培养条件，我院按照学校的指导精神，配置了由首席专家牵头、执行主任负责，并由学业指导主管、培养方案主管、课程建设主管、学术交流主管、专职辅导员、学院党委副书记、工作秘书组成的拔尖创新人才培养管理团队，协同学术导师和学业导师，监控各培养环节的质量，保障拔尖学生的培养质量和培养计划的顺利实施。

继续推进以吴玉章学院为主导的本科阶段全书院管理，进一步完善与玉章书院的协同管理模式，努力打造新型的学生一站式学习生活服务社区。

五、推进全方位教学改革计划，提高生物科学拔尖创新人才培养质量

（一）打造生物科学"大思政课"建设样板

我院"江姐荣誉班"是为落实立德树人根本任务、实施学生铸魂工程而进行的"又红又专"拔尖人才培育的探索。以建设"江姐荣誉班"为契机，打造生物科学"大思政课"建设样板，坚持立德树人为根本，强化"三全育人"和"五育并举"，为拔尖学生配备班主任一名，营造全过程育

人的环境。班主任定期组织学生参与各种形式的社会实践活动，引导学生深入了解世情国情，关注人类与社会，客观认识祖国的发展，鼓励他们将个人价值与国家前途命运紧密联系在一起，培养具有爱国情怀、感恩之心和社会担当的生命科学领军人才和社会精英。

（二）强化生物科学拔尖创新人才培养科研训练

为了适应新时代对生物科学拔尖创新人才的需求，我院继续加强实践创新能力培养。改变原有的实验课程设置模式，结合我院不同科研团队的研究方向与研究特点，为学生开设综合性、设计性、探究性实验。建设了专门面向拔尖班学生的本科创新实验室，鼓励学生自由探索感兴趣的科学问题，并独立设计课题，开展探索性研究。同时选拔拔尖计划学生加入高层次人才课题组，深度参与重大科研项目，并重点支持和鼓励拔尖学生参与"互联网＋"和"挑战杯"等科创竞赛；继续实施科研训练项目立项制，如"创新2035"先导计划。

六、推进可持续育人生态计划，优化生物科学拔尖创新人才成长环境

加快一流师资建设：为拔尖学生配备一流师资，核心课程全由省级及以上精品课程负责人讲授，并由国家高层次人才担任学术导师，业界精英和优秀校友担任社会实践导师。强化师德师风建设，加强师资队伍经验交流，坚持"围绕学生、关照学生、服务学生"，引导学生树立创新发展、为国贡献的使命担当。

完善人才培养激励机制：建立了拔尖计划指导教师选拔、考核及激励制度，通过对指导教师工作的认定，每年给予相应的奖励，并对在拔尖创新人才培养方面成绩突出的教师在职称评定、高端人才评选以及硕博士研究生指标分配中进行倾斜。

健全人才培养评价机制：我院前期已建立了拔尖学生培养质量监控制度，通过深入课堂听课、教学督导、学生评教、学生座谈、年度专题会议等多种形式和措施对教学质量进行全方位监控与评估，及时解决拔尖创新人才培养过程中存在的问题，及时调整并改进拔尖创新人才培养工作的各个环节。在此基础上，我院将进一步推进建设拔尖学生的"静态数据＋动态数据"库，进一步完善"360°智能多维学生发展评价系统"，切实提高人才培养实效。

综上，我院在生物科学拔尖创新人才培养方面进行了一些探索，并取得了一定成效。下一步，将在此基础上坚持以习近平新时代中国特色社会主义思想为指导，坚持立德树人，坚持目标导向、需求导向和国家战略导向，继续对生物科学拔尖创新人才培养模式进行改革和创新，着力将培养学生兴趣潜质与强化学生使命担当意识相结合，将扎实基础与宽广视野相结合、创新思维与独立思考相结合，形成一套具有四川大学特色的生物科学拔尖创新人才培养体系，培养更多具有使命担当的面向未来的高质量创新型生物科学人才。

教学管理研究

抓实"学科+"　坚守"主战场"
唱响"双城记"　做篇"大文章"
——四川大学创新人才培养助力成渝双城经济圈建设

党跃武　蒋明霞　胡廉洁　杨皓岚　贾舜宸　文海霞

（四川大学教务处）

摘　要：高等教育的一体化推进与内涵式发展是成渝地区双城经济圈建设的重要增长极，其实质是以辐射带动能力较强的中心城市高等教育为极核，通过各区域创新要素开放、共享与整合，构建多层开放结构，进而实现区域高等教育一体化和集群化发展。四川大学自觉担负使命，努力强化通识促进交叉、升级拔尖优化"双创"、打破边界共谋合作和"就业—招生—培养"联动，培养"顶天""立地"的拔尖创新人才，与国家战略相契合，与时代特色相结合，与地方发展相适应，坚持走基础人才自主培养之路，努力成为助力成渝双城经济圈建设的高等教育排头兵和探路者，为更好地实现区域高等教育一体化贡献"川大方案"。

关键词：成渝地区双城经济圈；区域高等教育一体化；教育创新

2020年1月3日，习近平总书记在中央财经委员会第六次会议中做出推动成渝地区双城经济圈建设、打造高质量发展重要增长极的重大决策部署。2021年10月,《成渝地区双城经济圈建设规划纲要》出台,成渝双城经济圈建设上升为国家战略,在政治、经济、文化、教育等各领域实现"新旧动能"转换成为迫切要求。党的二十大报告指出"要坚持教育优先发展、科技自立自强、人才引领驱动,加快建设教育强国、科技强国、人才强国,坚持为党育人、为国育才,着力造就拔尖创新人才",习近平总书记强调要"全方位谋划基础学科人才培养""坚持走基础研究人才自主培养之路"。高等教育作为人力、科技、智力源泉的重要增长极,是区域经济一体化发展的核心引擎,是基础研究人才自主培养的主战场,高等教育的一体化推进与内涵式发展成为成渝双城经济圈建设的重中之重。发挥各高校优势,坚守人才培养主战场,为助力成渝地区形成有实力、有特色的双城经济圈,培养出更多优秀的创新型人才,是包括四川大学在内的成渝高校义不容辞的责任和使命。为推动成渝地区双城经济圈建设,充分发挥成渝地区高等教育的区域互补、可持续发展和统筹协调的优势,在西部形成高质量发展的重要增长极,四川大学立足"学科+",与国家战略相契合,与时代特色相结合,与地方发展相适应,培养"顶天""立地"的拔尖创新人才,努力成为助力成渝双城经济圈建设的高等教育排头兵和探路者。

一、强化通识促进交叉,抓实"学科+"教育新融合

(一)强化通识教育,夯实拔尖人才培养基础

四川大学升级通识教育方案,形成"一个目标、两条主线、三门先导课、五大模块、百门金课"的新时代通识教育课程体系,曹顺庆、霍巍、罗懋康等名师大家领衔开设先导课,已建设通识教育核心课程80余门。与重庆大学、电子科技大学、西南财经大学、西南交通大学等高校共同发起成立了"川渝地区通识教育联盟",并着力促进联盟内高校积极开展通

识教育经验交流、资源共享、教师进修、教学研究、课程资源网络共享等，输出"巴蜀文化"系列特色课程。作为联盟副理事长单位，四川大学在东西部高校课程共享联盟上线"巴蜀文化""四川近代史"等29门系列慕课，西南财经大学、重庆医科大学、重庆工商大学等高校累计3598校次学校选课，559584人次学生获得学分。与重庆大学、重庆理工大学合作编写《材料生物学》等教材，夯实学科人才通识教育基础。

（二）聚力优势特色，促进"学科＋"交叉人才培养

充分发挥四川大学学科门类齐全的优势，让院士、学术大师领衔，开设生物国重、计算金融、互联化工、碳中和等14个跨学科交叉创新班和数学经济学、计算生物学、口腔数字化技术等10个"学科＋"交叉双学士学位，以研究型综合性大学优势培养创新人才。鼓励学生参与由院士和杰出教授等领衔、面向"创新2035"五大先导计划等国家重大战略需求计划，培养先进材料、航空航天、智能制造、生物材料、能源生态、人工智能等国家急需战略领军人才。

二、升级拔尖优化"双创"，坚守人才培养"主战场"

（一）开展跨学科贯通式培养，推进有组织的基础学科拔尖人才培养

依托数学、物理、化学、生物、计算机等13个国家级、省级、校级基础学科拔尖计划培养基地以及9个国家强基计划专业，持续实施中学生英才计划，组建以高洁院士、王玉忠院士、游劲松教授、张伟年教授等29名高水平教师共同组成的导师团队，与10余所优质生源中学共建基础学科人才培养"川大班"，来自成都七中等优质高级中学的数百名学生受益。出台基础学科人才培养"川大方案十八条"，充分发挥研究型综合大

学在基础学科拔尖人才培养中的主阵地作用，切实服务国家科教兴国和人才强国战略，坚持为党育人、为国育才，坚持科教融汇、产教融合，坚持交叉创新、开放合作，坚持学校主体、多元探索，进一步聚焦和强化"强基础、厚通识、宽视野、多交叉"，抓好教师、学生和学校"三个要素"，抓住一流课程、一流教材、一流保障和一流实践"四个核心"，抓实探索超常规选拔、个性化培养、跨学科融通和立体化评价"四个机制"，坚持以目标导向、需求导向和国家战略导向为主，实施本硕博贯通式培养，完善跨学段衔接一体化人才培养方案，建设"数理力""化生医"等跨门类培养平台，推行跨学科导师组制度，通过基础学科与应用学科结合，如数学与人工智能、网络安全等结合，推进"强基计划"和"拔尖计划2.0"，着力培养学生兴趣潜质与使命担当相结合、扎实基础与宽广视野相结合、创新思维与独立思考相结合的全面发展的素质能力，努力走出一条具有四川大学特色的基础学科拔尖人才培养路径，全面引领新时代四川大学拔尖人才培养高质量发展，为培养未来杰出的自然科学家、医学科学家和哲学社会科学家，为加快建设世界重要人才中心和创新高地奠定坚实的基础。

（二）政产学研深度合作，共促创新创业能力新突破

充分发挥学校理工＋人才培养优势，与头豹研究院、国家电网等30余家成渝重点企业合作开设创新创业课程，共同申报"互联网＋"大赛产业赛道命题。与成都天府新区、高新区等37个区域共建双创实践基地28个，成立"新希望班"等10余个行业班。担任西部双创示范基地联盟副理事长单位，与重庆大学等高校建立双创工作交流机制，多名教师获聘"成渝高校就业创业指导'双百'导师团导师"。与国家电网、中国电信、中石油等11家国家双创示范基地结对，参与制定国家双创示范基地评估指标。结对天府新区、高新区等37区域，催生温江区新政，共建产教融合、双创实践基地28个。依托"环川大知识经济圈"及其"成果转化服

务联盟",运用"成都精准医疗、成都生物材料"等研发转化平台,培养"理工＋管""理工＋文""理工＋医"等文理工医交叉复合人才。同成都市科学技术局等携手举办成渝双城经济圈物联网项目供需对接会等活动,实现"产城校共生,多业态共育"。

三、打破边界共谋合作,唱响成渝教育"双城记"

(一)创设成渝双城经济圈高校联盟,汇聚优质教育资源

与重庆大学牵头成立成渝地区双城经济圈高校联盟,成渝地区20所高校加入,推动教师共引共享、互聘互用,跨学校授课、跨学校指导学生、学生跨校交流与培养等,探索学分互换认定机制,开展多领域、深层次的交流合作。协同西南大学等12所高校,共创"成渝地区双城经济圈高校联盟智慧能源云讲堂",汇聚全球高端专家资源,共享前沿资讯,为拔尖创新人才提供滋养。

(二)互聘成渝高校教指委,多元教学资源共建共享

多名教师入选重庆市化生类、材料类等教指委副主任委员。与西南大学、重庆医科大学等合作申报四川省教育教学改革项目。四川大学"以学为中心"研讨会辐射成渝等高校,会议紧跟教育热点,以"课程思政""面向未来的教与学""教育数字化转型"等为主题,已举办十届,仅第八届、第九届、第十届线上线下参会近5千余人。与电子科技大学、重庆大学等合作建设几何与代数课程群、计算机组成与结构课程等教育部虚拟教研室4个,构建知识图谱,更新教学内容,探索新型教学模式,实现跨学科多元资源共建共享。

四、"就业—招生—培养"联动，做篇服务地方"大文章"

（一）优化专业和招生结构，不断提升成渝地区考生满意度

优化学校专业结构，在建设 93 个国家一流本科专业的基础上，将考生报考热度高的学校优势学科、专业向成渝地区考生倾斜，提升专业匹配度，不断提升考生满意度稳定川渝地区招生规模。近三年，川大在四川省年均招生 2480 人，在重庆市年均招生 740 人，约占招生总数的 35%。

（二）做好学生就业服务，促进成渝地区就业质量提升

积极引导文理工医学生扎根成渝地区，在艰苦地区和基层发挥重要作用。近三年年均成渝双城经济圈就业学生占比 50% 以上，到大型骨干企业、党政机关及公共服务部门、重要医疗机构、高等院校、科研单位等领域高质量就业学生占比近 80%，选调生人数位列全国高校前列。

五、结语

打造成渝地区双城经济圈高等教育战略支撑点和增长极，对推进我国高等教育均衡发展和高等教育强国建设，对成渝地区双城经济圈、西部高质量发展都具有重要的战略意义，是一个系统且长远的工程，四川大学将坚定目标，迎难而上，抓实"学科＋"，面向人才培养主战场，为唱好成渝高等教育一体化发展"双城记"贡献川大智慧。

基于审核评估的大学质量文化建设研究

孙克全[1] 李伟[2] 李娟[1] 吴雨珊[1]

(1. 四川大学教务处 2. 四川大学华西公共卫生学院)

摘　要：大学质量文化是高等教育质量保障的深层反映。本文结合近年来的审核评估理念与实践，按照人才培养和教育发展规律，从大学质量文化的精神文化、制度文化、物质文化和行为文化四个层面入手，探讨大学质量文化的建设理念与途径，丰富了大学质量文化建设内涵。高校应将质量文化内化为全校师生的共同价值追求和自觉行为，努力培育高校质量文化，加强具有本校特色的质量文化研究，彰显中国特色高等教育质量文化。

关键词：审核评估；高等教育；质量文化

教育是国之大计、党之大计。党的二十大报告提出："坚持以人民为中心发展教育，加快建设高质量教育体系。"高等教育在教育体系中具有引领性、先导性作用，在加快建设高质量教育体系中应走在时代前列。百年大计，教育为本。高校应全面匹配培养时代新人的新任务，落实"全面提高人才自主培养质量，着力造就拔尖创新人才"的要求，坚持为党育人、为国育才，加快推进教育高质量发展，加快建设教育强国，办好人民满意的教育。

一、大学质量文化的现状分析

"大学对质量的追求不只是应付外部问责，更是其发展和追求卓越的内在需要。"[①] 中国大学卓越质量文化一直陷于困境之中，最典型表现就是钱学森之问。2018 年，为深入贯彻习近平新时代中国特色社会主义思想，全面贯彻落实全国教育大会精神，教育部印发《关于加快建设高水平本科教育 全面提高人才培养能力的意见》（简称"新时代高教 40 条"），明确提出加强大学质量文化建设，要求把人才培养水平和质量作为评价大学的首要指标，突出学生中心、产出导向、持续改进，激发高等学校追求卓越，将质量文化内化为全校师生的共同价值追求和自觉行为，形成以提高人才培养水平为核心的质量文化。

在新一轮审核评估方案中，质量文化被视为高校内部质量管理、质量保障、质量改进等方面的重要指标之一。新一轮审核评估方案还规定，高校内部应该建立健全质量管理制度和改进机制、质量文化培训和宣传机制，让师生员工养成良好的质量意识和价值观念，通过全员参与、全过程控制、全方位优化等方式，不断提升文化氛围和教学质量。

中国大学之所以还走在追求卓越质量文化的路上，是因为还有一些根本性的问题没有得到重视和彻底解决，卓越的文化建设和发展受到掣肘，人们对高等教育卓越质量文化的认识和理解亟待提升。中国大学之所以出现千校一面的情况，究其原因就在于大学办学主体在办学的过程中缺乏主动、能动精神。[②] 从大学内部环境来看，大学的自主权（Autonomy）、效能（Effectiveness）及透明度（Transparency）被认为是质量文化发展的

---

① 徐赟，马萍. 欧洲大学质量文化建设：实践及启示［J］. 外国教育研究，2017（9）：3—11.

② 林健. 卓越工程师培养的质量保障（下）［J］. 高等工程教育研究，2013（2）：24—38.

内在动力。① 在当前我国高等学校着力改善教学条件和加强教学内涵建设的同时，应注重在教育教学过程中培育质量文化意识，努力在办学理念中融入以学生为中心的质量文化精神。

二、大学质量文化四个层面的分析和构建

大学质量文化是大学致力于质量提升的环境氛围，是教师、学生等大学全体成员对质量意义的共同理解，既包含技术层面上的管理和质量保障手段，又包括观念层面上的参与度和向心力，其核心要素是"学生、教师和管理"。② 质量文化是一种组织文化，意在永久地提升质量。为更加清晰而深刻把握大学质量内涵，本文借助质量评估相关理念，从大学质量文化的四个层面加以分析和构建：一是精神层面，二是制度层面，三是物质层面，四是行为层面。

（一）大学质量文化的精神层面

大学质量文化的精神层面是大学卓越质量文化的灵魂和源泉，是大学质量文化制度层面、物质层面和行为层面建设的思想基础和抽象升华，需要通过长期的建设积淀而成，在整个大学质量文化中处于核心地位。大学质量文化的精神层面，主要包括办学理念、办学定位、质量意识和质量态度等。③ 在本科教育教学审核评估中，首先考察的就是大学的办学理念和办学定位，即在办学理念的指导下，制定的人才培养目标的达成效果（达

---

① European University Association. Developing an Internal Quality Culture in European Universities: Report on the Quality Culture Project 2002－2003 [R]. Brussels: European University Association, 2005: 6, 8, 17－25.
② 冯惠敏, 郭洪瑞, 黄明东. 挪威推进高等教育质量文化建设的举措及其启示 [J]. 高等教育研究, 2018 (2): 102－109.
③ 林健. 卓越工程师培养的质量保障（下）[J]. 高等工程教育研究, 2013 (2): 24－38.

成度），人才培养目标、办学定位对社会需求（标准）的适应度，人才培养目标的设定以及根据办学定位调整的改变情况等。

办学理念和办学定位特别强调前瞻性理念文化的构建，是未来学校各项事业发展规划的指挥棒和风向标。办学理念是对高校的理想、宗旨、本质、使命和责任等办学基本问题的理性认识、价值判断和理想追求，是大学精神的重要内容和体现，是从精神层面上对高校办学行为的引导、强调和追求。在办学理念中，要确立正确的高等教育质量观，将向社会提供高质量的高等教育服务作为高校的一项重要使命，要树立"质量第一""质量就是竞争力"的思想，要从战略高度将"质量为本"作为高校发展的基本战略，要将不断提高办学质量作为高校永恒的追求，由此形成全校师生员工普遍认同和共同信守的核心质量理念。① 从上一轮审核评估情况来看，部分大学对自身定位并不十分清晰，是导致人才培养理念缺失的重要原因所在。

质量意识、质量态度是全校师生对质量的认识和思维倾向，特别强调自发性、原生性文化及文化环境的构建。质量意识是广大师生员工对教育教学质量及其质量要求的认识和理解，是大学质量文化精神层面的重要内容，质量意识的形成要以大学精神为依托。② 质量态度是高校在大学文化建设过程中学校的各个层面关注、重视和参与教育教学质量保障的态度。第一，高校必须将改进、提高和完善教育教学质量作为学校各项工作的重心；第二，高校要高度重视质量文化建设，将其作为大学文化建设的核心内容；第三，师生员工应有积极主动的态度投身于大学质量文化的建设；第四，师生员工应该正确地对待教育教学质量和自身工作中存在的质量问

---

① 林健. 卓越工程师培养的质量保障（下）[J]. 高等工程教育研究，2013（2）：24-38.

② 林健. 卓越工程师培养的质量保障（下）[J]. 高等工程教育研究，2013（2）：24-38.

题,将质量过程监控和持续改进作为自己必须做好的本职工作。总之,全校上下必须具有积极主动参与和做好本校教育教学质量保障工作的热情和自觉性。

(二) 大学质量文化的制度层面

大学质量文化的制度层面是高校为了实现其教育教学质量目标和标准而提出的要求师生员工共同遵守的规范性和程序化的政策制度、质量标准和行为准则,它约束和规范了大学质量文化其他层面的建设。[①] 就大学内部质量保障体系组织及运行来看,它涉及有关教育教学质量的各种规章制度,包括管理体制、运行机制、评价规则、标准化体系以及监督约束制度等,是实现学校办学目标的必要措施。[②] 在本科教育教学审核评估中,大学的制度建设特别强调持续改进和产出导向理念。

大学发展的最高原则是学术的自由、教师教学和研究的自由以及学生学习的自由,并配以合理高效运行的机制,运行机制处于辅助地位。卓越的大学制度评价可以归结为两点,就是对学术产出和人才培养质量的贡献度。评估制度要有服务和引领导向,本科教育教学审核评估关注的是问题,评估不但要提出问题,还要选树案例和榜样。评估要有服务导向,评估不是给学生、教师、学校以束缚,而是要为他们松绑,让他们能够在更广阔的空间发展,所以我们要了解学生的需求,特别是其学术发展的需求。选拔学生的时候既要评估其资质,又要考虑其兴趣。如果学生连兴趣都没有,何谈卓越。学生的学术兴趣发展起来后才能进入学术领域,这就需要高水平的学术生态环境。

---

① 林健. 卓越工程师培养的质量保障(下)[J]. 高等工程教育研究, 2013 (2): 24-38.
② 刘学忠,时伟. 大学内部质量保障体系的文化基点[J]. 中国高教研究, 2012 (6): 59-62.

评估是要发现其中存在的问题，并加以改正，调整航向。因此大学的发展中，自生的、原生的质量文化追求才能够起到关键作用。质量文化的产生有一个过程，需要很多机制体制的保障，评估也能激发这种质量文化的产生。"双一流"建设是国家对大学质量文化发展的强力支持，如何抓住这个契机推动大学的发展是大学的领导者关心和关注的问题。

（三）大学质量文化的物质层面

大学质量文化的物质层面是大学质量文化的外在表现和载体，是高校在长期办学过程中形成的、具有鲜明本校特色的、有形的物质实体环境和硬件条件，它既是大学质量文化精神层面的外化表现，又为制度层面和行为层面的实施提供物质和行动保证，对教育教学质量管理和人才培养具有基础性的作用和潜移默化的影响，需要高校提供充足的经费预算，主要包括基础设施、教学设施、教育资源、实验条件和育人环境等方面。[①]

物质层面的大学质量文化不仅仅是建大楼、买设备、修道路，而应该是在大学精神层面理念的指引下，为实现人才培养目标建设适宜科研和人才培养的环境，如基于智慧教学环境建设，为教师开展"探究式－小班化"教学、翻转课堂、PBL（基于问题的教学）、TBL（基于团队的教学）、线上线下相结合的混合式教学等提供强有力地支撑，体现"以学为中心"教育的主流教学方式，使教学效果最大化；搭建体现"先进性、课程性、专业性、创新性"的智能化实验教学平台，在全球范围内匹配科研设备和专家智库资源，实现全校师生全天候自主使用，高水平服务于创新创业类和实践类课程教学，服务于学生创新创意，激发培养创新创业类社团活动，满足师生实践创新想法。

---

① Fitzmaurice M. Considering Teaching in Higher Education as A Practice [J]. *Teaching in Higher Education*，2010，15（1）：45—55.

(四) 大学质量文化的行为层面

"大学质量文化的行为层面是以大学质量文化的精神层面为指导,以制度层面为准则,以物质层面为基础,在教育教学实际行动工作中表现出来的行为文化,是质量理念、质量意识和质量态度在实际工作中的具体体现。"[①] 大学质量文化的行为层面不仅仅包含全体师生的行为,也包含大学之于社会的行为,如大学的声誉、大学服务社会的职能等。

大学领导者的地位、角色和作用对大学质量文化建设的每一个阶段都是非常重要的,大学校长是大学卓越质量文化建设的倡导者和领导者。审核评估后期以问题为导向,大大加深了校领导层面的紧迫感,推动他们去思考学校办学出现了哪些问题,原因是什么,以及如何解决这些问题等。

大学的教授群体,是大学质量文化建设的核心。博耶认为,教师工作应该包括四个相互独立又相互重叠的功能,即发现的学术、综合的学术、应用的学术和教学的学术。[②] "有效教学"是 20 世纪 60 年代发展起来的一种教学理念,主要代表人物是美国教育心理学家布鲁姆,他坚信"有效的教学始于准确知道希望达到的目标是什么。与传统的教学理念相比,有效教学理念的核心是要关注学生的需求、学生的成长和发展,要求教师对所教的内容具有广泛而深刻的理解和把握,拥有良好的教学技能,能够充分激发学生的学习兴趣和动力,促进学生自主有效地学习"[③]。

除了领导者和教授群体,大学质量文化的建设还需要全体员工的积极

---

① 林健. 卓越工程师培养的质量保障(下)[J]. 高等工程教育研究,2013(2):24—38.

② 欧内斯特·博耶. 学术水平反思——教授工作的领域[M]//国家教委教育发展与政策研究中心编. 发达国家教育改革的动向和趋势:美国、日本、英国、联邦德国、俄罗斯教育改革文件和报告选编(第5集). 北京:人民教育出版社,1994:1—143.

③ 贾莉莉. 一流本科教学内部质量保障的长效机制探析——以卡耐基·梅隆大学为例[J]. 现代教育管理,2017(8):77—81.

参与。"质量不仅是大学高层领导的责任，它还要成为全体员工所关心的事情，需要让员工认识到质量文化的发展与个人发展是紧密相关的。在引入内部质量文化理念的同时，大学要重视教师个人的发展计划，比如实施教学创新基金来激励科研编制的教师重视教学活动（尤其是研究型大学），使教师感受到质量文化与自身发展并不冲突。"①

学生群体是链接大学卓越质量与社会声誉的重要纽带。学生群体在内部质量过程中的作用也不容忽视，他们的角色应该是积极的参与者，而不是被动的学习者，比如在教学评估中，学生群体可以对专业结构、就业以及教学提出学生视角的看法和意见。大部分高校已经意识到与国家和地方政府的管理机构、专业机构、雇主和各行业相关人员、校友、合作伙伴等相关者保持紧密联系的重要性，比如有针对性地实施课程改革、拓展更多的学生就业机会、及时了解行业发展动态、提高大学的知名度等。

三、结语

大学卓越质量文化建设是大学的核心内涵之一，是大学具有竞争力的核心指标。无论是大学的领导者还是普通师生员工都应该重视大学卓越质量文化建设，借助质量评估的理念与实践经验，充分夯实大学质量文化的精神文化、制度文化、物质文化和行为文化四个层面，这是有效推进大学质量文化构建的重要途径与手段。高校应着力打造自觉、自省、自律、自查、自纠的质量文化，并使之内化于心、外化于行、显化于物、固化于制，构建形成一流的教学质量保障体系，持续提升人才培养质量。

习近平总书记指出："一个国家的高等教育体系需要有一流大学群体的有力支撑，一流大学群体的水平和质量决定了高等教育体系的水平和质

---

① 徐赟，马萍. 欧洲大学质量文化建设：实践及启示[J]. 外国教育研究，2017(9)：3-11.

量。"为建成一流大学群体,各高校必须胸怀"国之大者",深入学习贯彻党的二十大精神,促进高等教育内涵式发展,在高校各自定位上办出特色、争创一流,加强基础学科、新兴学科、交叉学科建设,加快建设中国特色、世界一流的大学和优势学科,全面提高人才自主培养质量,为全面推进中华民族伟大复兴贡献教育力量。

党的二十大精神融入高校思政课的创新路径探索

王一凌

(四川大学计算机学院)

摘　要：党的二十大报告擘画了建设社会主义现代化国家的宏伟蓝图和实践路径，为党和国家的各项事业指明了前进方向。新时代的大学应心怀"国之大者"，将党的二十大精神有机融入高校课程思政，以筑牢人才培养的基础。要建设好现代化高层次人才培养体系，就应该抓好课程思政建设，将人生价值创造、专业知识传递融为一体，实现为党育人、为国育才。

关键词：党的二十大精神；高校思政课；教学融入

一、引言

党的二十大报告指出，要"用党的科学理论武装青年，用党的初心使命感召青年"。思政课是对青年进行思想政治教育的主渠道，是落实立德树人根本任务的关键课程。高校应充分发挥自身在推动党的二十大精神"进教材、进课堂、进头脑"中的重要作用，推进党的二十大精神融入思政课，以习近平新时代中国特色社会主义思想为"强国一代"培根铸魂。

二、深刻理解党的二十大对教育工作的战略部署

党的二十大报告首次将教育、科技、人才作为一个整体进行论述，这充分体现了教育、科技、人才工作在全面建设社会主义现代化国家中的基础性、战略性支撑地位。百年大计，教育为本。就教育、科技、人才三者而言，教育是基础，是提高人民综合素质、促进人的全面发展的重要途径，是民族振兴、社会进步的重要基石。必须坚持教育优先发展，加快建设教育强国。

党的二十大报告指出："教育是国之大计、党之大计。培养什么人、怎样培养人、为谁培养人是教育的根本问题。"高等教育作为教育强国建设的龙头，要牢记"为党育人、为国育才"的初心使命，落实立德树人根本任务，全面提高人才自主培养质量，努力培育德智体美劳全面发展的社会主义建设者和接班人，从而为实现中华民族伟大复兴做出应有贡献。

三、党的二十大精神融入高校思政课的内在逻辑

（一）融入党的二十大精神是思政课课程属性的本质要求

党的二十大报告强调，要"用党的科学理论武装青年，用党的初心使命感召青年"。思政课是落实立德树人根本任务的关键课程，承担着传播马克思主义理论、党的创新理论和国家主流意识形态等功能，融政治属性、教育属性、文化属性和思想属性于一体。政治引领是思政课的基本功能，政治性是思政课的首要属性，居于思政课各属性的核心层次。思政课的教学内容在特定的时代背景和实践土壤中孕育产生，并随着时代的发展变化不断更新，党的创新理论始终是思政课教学的主要内容和源头活水。

习近平总书记在党的二十大报告中指出："中国共产党第二十次全国代表大会，是在全党全国各族人民迈上全面建设社会主义现代化国家新征

程、向第二个百年奋斗目标进军的关键时刻召开的一次十分重要的大会。"大会全面总结了过去5年的工作和新时代10年的伟大变革,明确提出了一系列新观点、新论断、新思想、新战略、新要求,是习近平新时代中国特色社会主义思想的最新理论成果。而思政课作为高校立德树人的主阵地、主渠道,承担着学习宣传贯彻党的二十大精神的重要责任。

(二)融入党的二十大精神契合思政课的价值追求

思政课要对青年学生进行正确的价值观塑造和意识形态引导,教育学生自觉把个人发展与国家发展统一起来,把个人的命运与国家的命运紧密联系起来。"为党育人、为国育才"始终是思政课的价值追求,思政课必须紧紧围绕"培养什么人、怎样培养人、为谁培养人"这一根本问题展开,不断夯实学生的思想基础、理论基础,引导学生自觉树立共产主义远大理想和中国特色社会主义共同理想。

党的二十大精神融入思政课的价值指向与课程的价值追求相契合,思政课教学无论是理论知识阐释,还是理想信念教育,都必须牢牢把握党的二十大精神的深刻内涵与精髓,教育学生深刻领会"两个确立"的理论逻辑、历史逻辑和实践逻辑,帮助学生透过纷繁复杂的国内外形势变化,深刻领悟"两个确立"的决定性意义,增强"四个意识",坚定"四个自信",做到"两个维护",把学生培养成中国共产党的坚定拥护者和社会主义制度的坚定维护者,培养成中国特色社会主义道路的坚定捍卫者与继承发展者,培养成愿意将所学奉献给祖国和人民、立志为中国特色社会主义事业奋斗终身的有用人才。

(三)思政课融入党的二十大精神必须注重增强整体效能

党的二十大精神融入思政课是一个系统工程。首先,思政课教师是关键。习近平总书记曾在全国高校思想政治工作会议上指出,"传道者自己首先要明道、信道"。思政课教师作为高校传播党的创新理论的主力军，承担着将党的二十大精神及时传达给大学生的光荣使命。要强化思政课教师学习党的二十大精神的理论自觉与实践自觉，为党的二十大精神有效融入思政课打下坚实的基础。其次，要系统推进党的二十大精神融入思政课课程体系。要建立各门课程之间的联系，结合各门课程的知识领域和特色，找到契合点，找准着力点，从不同的角度融入党的二十大精神。最后，思政课作为偏重理论阐释和价值观培养的课程，要在遵循思想政治工作规律、教书育人规律和学生成长规律的前提下创新教学方式方法。

四、加强新时代高校思想政治教育工作需破解的难题

在党和国家高度重视高校思想政治教育工作的时代背景下，各高校加强了思想政治教育质量研究，不断丰富完善着思想政治教育体系。但由于当前社会环境日趋复杂、多元文化对青年学生思想的冲击加剧，高校思想政治教育工作在具体开展中仍面临诸多难题。

（一）认知层面

当前，国际国内形势发生深刻变化，马克思主义指导思想受到多样化社会思潮的挑战。部分高校偏重学生专业技能教育，忽视了思想政治教育的实效性，导致思想政治教育效果不佳，学生认知存在偏差等。有一部分学生认为思政课是可有可无的课程，学习态度不积极，甚至出现迟到、早退、缺课的情况。同时，高校学生因学识基础、成长背景、家庭环境不同，在认知方式、生活习惯等方面有较大的差异，这些差异使得他们对思政课的认知有很大不同。思想政治教育工作者应该清楚地了解这种差异，并以学生现有的行为习惯、思维模式为基础，设计与他们相适应的教学活动。

（二）理想信念层面

新时代大学生要坚定理想信念，将服务国家的信念熔铸于心，努力成为推动中国不断前进的先锋力量。理想信念教育一直是高校思想政治工作的重要主题。近年来，在党的领导下，高校教师队伍的理论素养和知识水平相比之前有了明显提升，越来越多拥有博士或硕士学位的毕业生加入高校科研、教育工作当中。但是，无法忽略的是，在过去的教育中，高校在培养人才时主要以分数为参考指标，过于注重从业者的专业能力，在一定程度上忽视了对政治素养的要求，这也制约了当下高校思想政治教育质量的提升。

（三）教育主体地位层面

高校教师在课堂教学中发挥着重要作用。随着信息技术、新媒体技术的迅速发展，学生的思想观念正在发生变化，传统的课堂模式也逐步被改变。如今，随着互联网的普及，大多数学生都可以通过网络获得自己想要的信息，这削弱了高校的教育主体地位，在一定程度上影响了思想政治教育质量。此外，高校思想政治教育工作还面临着教育观念未能与时代同步发展的问题，部分教师一味强调教育的"社会功能"，而忽略了对学生个体心理的重视，未能及时回应学生发展需求，创新思政课教学方式，导致教学内容缺乏系统性、与现实生活脱节，无法激发学生的学习兴趣。

五、党的二十大精神融入高校思想政治工作的创新路径

（一）讲好故事

习近平总书记在学校思想政治理论课教师座谈会上的讲话中指出：

"会讲故事、讲好故事十分重要，思政课就要讲好中华民族的故事、中国共产党的故事、中华人民共和国的故事、中国特色社会主义的故事、改革开放的故事，特别是要讲好新时代的故事。"

一是讲好党和国家不同发展时期的故事。党的二十大报告指出："新时代十年的伟大变革，在党史、新中国史、改革开放史、社会主义发展史、中华民族发展史上具有里程碑意义。"思政课要抓住历史发展的主线，追寻历史发展的脉络，梳理历史进程的逻辑，引导学生准确把握历史大势和规律，客观真实感受历史，见证历史，汲取精神营养。二是讲好古往今来有影响力的人物故事。习近平总书记说："榜样是鲜活的价值观，是有形的正能量。"思政课要深入挖掘在社会主义革命、建设、改革的伟大实践中涌现出的典型人物和先锋力量，用他们鲜活的故事、高尚的思想品格和精神特质，激励青年大学生对标对表，树立正确的人生观、价值观。三是讲好古今中外对比的故事。思政课既要沿着从历史到现实的纵向坐标，看中国社会发展的历史逻辑，也要沿着从中国到世界的横向坐标，看到中国发展面临的机遇和挑战，从而引导学生正确认识世界和中国发展大势，正确认识自身的时代责任和历史使命。

（二）定好方式

习近平总书记2022年4月25日在中国人民大学考察时指出，"讲好思政课不仅有'术'，也有'学'，更有'道'"，"思政课的本质是讲道理，要注重方式方法，把道理讲深、讲透、讲活，老师要用心教，学生要用心悟"。所以，在讲授思政课时要注意创新教学方式方法。我们可以结合学生的学习基础、成长需求，社会热点，课程目标等，聚焦党的二十大精神，进行专题式教学，使思政教育更深刻、更立体。同时，要坚持以学生为主体，尊重学生的学习需求，充分发挥主观能动性，通过小组研学、舞台展示、话题互动、视频展播等多种方式，活跃课堂气氛，强化学生对知识的自主思考和消化；坚持课堂教学与课外实践相结合，深入开展社会实践，以理论宣讲、社会调查、学习参观、生产劳动、社会服务等形式把正确的道德认知、自觉的道德养成和积极的道德实践结合起来。

（三）选好内容

一是要找准教学融入点。思政课教学融入党的二十大精神，应聚焦党的二十大报告中提出的新观点、新论断、新思想，着力向学生阐释好、阐释透；要了解学生对二十大精神的关注点，做好答疑解惑；要抓住关键点，向学生重点讲述以中国式现代化全面推进中华民族伟大复兴的新战略、新要求。二是巧设教学逻辑线。例如，以时间为线，牢牢把握过去5年工作和新时代10年伟大变革的重大意义；以数字为线，用通俗易懂的方式深化学生理解。

六、结语

新时代大学生思想政治教育工作是一项重要的系统工程，不仅事关学生个人发展，更事关国家长治久安、党的前途命运。高校作为落实立德树人根本任务，培养德智体美劳全面发展的社会主义建设者和接班人的重要基地，应深刻认识在思想政治教育工作中融入党的二十大精神的重要性，全面贯彻党的教育方针，创新教学方式方法，提升党的二十大精神"进教材、进课堂、进头脑"的实效。

参考文献：

[1] 王刚,贾雯. 党的二十大精神融入高校思想政治理论课的多维透视 [J]. 思想理论教育,2023（1）：60-67.

[2] 尹江铖,周晓阳. 高校思政课实施十九大精神"三进"新工程的思考 [J]. 学周刊,2018（18）：5-7.

[3] 符冠花.党的十九大精神融入高校思政课教学的路径研究[J].开封教育学院学报,2019,39(9):220-222.
[4] 丁芳芳.新时代高校思政课教学方法的改革与创新[J].文教资料,2020(15):157-158.

"双一流"建设背景下高校基层教学组织实施青年教师助教制度的探索
——党的二十大精神"三进"教学改革与管理*

陈艳雯

（四川大学生物医学工程学院）

摘　要：习近平总书记在党的二十大报告中强调，"培养什么人、怎样培养人、为谁培养人是教育的根本问题"。在"双一流"建设背景下，高等学校必须牢固确立新时代本科教育的核心地位，打造一流本科教育，积极推进师资队伍建设，这对青年教师教育教学能力的培养至关重要。本文从高校基层教学组织的师资队伍现状和青年教师教学所面临的困境出发展开分析，关注青年教师助教制度的实施对新进教师的引导作用及其成效，并对这一改革实践进行总结和反思，以期探索出一条符合基层教学组织需求的助教培养之路，有效促进青年师资力量的储备。

关键词：青年教师；教学困境；助教制度；师资队伍建设

---

* 本文为2022—2023年四川大学基层教学组织特色品牌工作项目（022JCJX01）、四川大学新世纪教育教学改革工程（第九期）研究项目（SCU9241）的阶段性成果。

习近平总书记在党的二十大报告中指出："培养什么人、怎样培养人、为谁培养人是教育的根本问题。"他还提出："深化教育领域综合改革，加强教材建设和管理，完善学校管理和教育评价体系，健全学校家庭社会育人机制。加强师德师风建设，培养高素质教师队伍，弘扬尊师重教社会风尚。"① 在"双一流"建设背景下，高等学校必须主动适应国家战略发展新需求和世界高等教育发展新趋势，牢牢抓住全面提高人才培养质量这个关键点，把本科教育放在人才培养的核心地位、教育教学的基础地位、新时代教育发展的前沿地位。② 推动本科教育改革，保证本科教学质量，其关键点在于师资队伍建设和青年教师的培养。

随着我国高等教育的快速发展，每年有大量优秀青年教师进入高等学校，成为高校师资队伍的生力军，他们肩负着科研创新和立德树人的使命。青年教师往往有较高的学历、较强的科研素养、敏锐的思维和饱满的激情，但教育教学经验，尤其是一线教学经验往往有所欠缺。③④⑤ 在当下建设高水平本科教育、全面提高人才培养能力的大趋势下，如何尽快让青年教师成为一名合格的教育教学工作者，是高校师资建设工作的关键点之一。⑥

---

① 习近平. 高举中国特色社会主义伟大旗帜 为全面建设社会主义现代化国家而团结奋斗——在中国共产党第二十次全国代表大会上的报告 [J]. 党的建设，2022（11）：6-20.
② 陈艳雯，衡小红，木肖玉，艾丽. "双一流"背景下教学竞赛对促进青年教师发展的研究与实践 [J]. 教育现代化. 2021，8（84）：149-152.
③ 吴旭. "青教赛"提升高校青年教师教学能力的实践与思考 [J]. 教育理论与实践，2018（9）：41-42.
④ 朱建彬. 从课堂教学竞赛看青年教师教学能力的现状及提高 [J]. 中国电力教育，2012（4）：110-111.
⑤ 娄晓雯. 专业群建设背景下高校青年教师助教制度的探讨 [J]. 教育教学论坛，2018（52）：20-21.
⑥ 张杰，史旦达，唐鹏. 高校青年教师教学竞赛驱动下的"教师—学生—课程"三位一体育人模式理念 [J]. 黑龙江教育（高教研究与评估），2021（3）：57-59.

一、高校教育教学和师资队伍的现状

（一）高校教育教学的现状

21世纪以来，高校规模逐步扩张，本科招生规模逐渐扩大，高等教育普遍升级，对教育教学水平和师资能力的要求越来越高。[①]

首先，教学特征发生改变。自教育部推行国内高校工程教育专业认证以来，"以学为中心"的教学理念逐渐深入人心，高校传统填鸭式和灌输式教学逐步被淘汰，教学特征从"以教师为中心"转变成"以学生为中心"，激励学生进行自主学习、全面学习和终身学习。

其次，信息化手段深度介入。借助信息化手段对课堂教学进行改革的力度逐年加大，从曾经传统的教室授课方式逐步演化为开放式网络课程（MOOC）教学、翻转式课堂教学（SPOC）、"探究式－小班化"教学和网络互动教学等方式，推动各类课程建设资源共享课、精品在线课和虚拟仿真平台等多种教学平台，并打造国家级和省级一流课程。一流课程所具有的高阶性、创新性和挑战度，对任课教师教学能力的要求越来越高。

（二）高校师资队伍的现状

党的十九大以来，国家出台了一系列政策推动师资队伍建设，特别是《教育部等六部门关于加强新时代高校教师队伍建设改革的指导意见》（教师〔2020〕10号）明确提出"准确把握高校教师队伍建设改革的时代要求""建设高校教师发展平台，着力提升教师专业素质能力""全力支持青年教师成长，培育高等教育事业生力军"。党的二十大报告再次强调"深化教育领域综合改革""完善学校管理和教育评价体系""加强师德师风建

---

① 江胜清，许中华，魏伶俐. 新时代地方新型工程大学青年教师助教岗位培养制度的改革探索与推广优化［J］. 湖北工程学院学报，2020，40（4）：67-73.

设，培养高素质教师队伍"。国家的一系列报告和政策为高校师资队伍的建设指明了方向。

普通高校普遍存在师资队伍总量不足、结构失衡，师资管理水平不高、机制不完善等问题。高职称教师老龄化情况客观存在。本科课程大部分由老教授们维护，他们授课经验丰富、技术娴熟，能按照国家质量标准和教学大纲保障课程质量，这些经验和技术亟须传递给下一辈教育工作者。

高校长期以来也非常重视高层次青年人才的引进，这部分教师拥有较强的科研能力和学术水平，但他们大多毕业于非师范类院校，普遍缺乏系统的教学理论指导和严格的职业培训。仅参加学校教师发展中心组织的短暂的教师教学能力培训，远不能让新任教师对教学体系规则形成深入了解，胜任复杂的教学任务。同时，仅依靠基层教学组织原有教学谱系中的"传帮带"对青年教师教学能力进行培养，也已无法满足现代高等教育教学质量的要求，这将不利于高校师资队伍的建设。[①]

二、青年教师面临的教学困境

从近几年各高校新进青年教师层次和高校培养教育教学能力机制来看，当前青年教师提升教学能力受到种种因素的制约。

（一）环境因素

首先，目前高校对新进青年教师的教学能力培养存在一定误区，认为新进青年教师经过短期教学能力培训即可胜任本科教学工作。以笔者所在高校为例，青年教师入职后仅参加校级教师发展中心举办的教师教学能力

---

① 陈艳雯，衡小红，木肖玉，艾丽．"双一流"背景下教学竞赛对促进青年教师发展的研究与实践［J］．教育现代化，2021，8（84）：149-152．

提升培训和师范类院校组织的暑期集中培训，获得两类培训合格证书即可上岗。其次，多数高校在引进高层次人才时，会结合高校自身发展，侧重考察引进人才的学科能力和学术水平，而忽视对其教育教学能力的考察。部分青年教师在研究生阶段接受过本科课程助教系统培训，协助任课教师开展课程教学，有相应的教学经验。但更多的青年教师从未参加过授课实践，仅依靠基层教学组织教学研讨和自身科研讲座经历，无法达到现在的本科授课标准，这使得青年教师容易陷入"授课激情，学生埋头"的困境，在评教中也往往收获低分和差评。

（二）考核因素

高校对青年教师个人能力的考核基本集中于科研和学术方面，导致青年教师将更多精力投入自身的职称考评和科研能力提升上，容易忽略对教学能力的培养。

（三）机制因素

教师在教学活动中起主导作用，但现阶段高校和学院缺乏对教师教学能力的综合考评，仅通过组织教学竞赛促使参赛教师关注并提升自身的教学能力，难以以点带面推动教师关注课堂教学。青年教师作为教学活动新生力量，更应该得到系统化的教学能力培养。高校基层教学组织需结合实际构建教学能力培养机制。

在成果导向教育理念的指导下，青年教师如何上好本科课程，是所有高校基层教学组织面临的难题，实施青年教师助教制度迫在眉睫。

三、青年教师助教制度实施途径

青年教师助教制度可依据所在基层教学组织的教学模式进行特色化制定。以笔者所在院校为例，该校基于基层教学组织原有的教学传承模式，遵循科学、规范、系统等原则，对培养主体、培养方式、管理考核等方面进行了明确规定，并加强了对青年教师的引导。

（一）师风师德的引导

负责传帮带的指导教师应将社会主义核心价值观、爱国主义情怀和民族复兴的信念传递给青年教师，引导青年教师树立立德树人的教学价值观，提高师风师德和思想政治素养，使青年教师将思政内容内化于心、外化于行，贯穿人才培养全过程和全课程。

（二）教育教学的引导

青年教师刚刚经历从学生到教师的转变，角色定位不清晰，无法适应当前课程综合改革。指导教师应从教学理论、教学模式、教学设计和教学内容等方面进行指导，引导青年教师进行语言教态和教学方式的思考，鼓励其创设教学特色，形成自己的教学风格。

（三）教学评价的引导

基层教学组织应开展教学质量评估、班主任成长、教学事故认定、金课建设体会和新型智慧教学工具学习等多元化的专题教研活动，全方位培育和引导青年教师熟悉本科授课规律，学习优秀教师的经验，掌握先进教学手段。

（四）教育科研的引导

青年教师拥有较强的科研能力，对教学充满热情。在教研活动中需引导他们总结和反思，结合当前教学主题制订教研专题和计划，指导其撰写教改论文，孵化教改成果。

四、青年教师助教制度实施效果和有关思考

(一) 实施效果

目前，笔者所在院校青年教师助教制度实施效果良好，成果显著。

1. 教学技能的成熟

青年教师通过多轮培训和实践，明确教学目标，合理规划教学过程，结合课程教材进行教学设计，逐步从"科研报告"式教学转变为互动式、案例式、研讨式等多元化教学，授课方式日益丰富。

2. 智慧教室的运用

近年来，高校加大对智慧教室建设的投入，打造了手机互动教室、网络互动教室、超屏多视窗教室、多屏研讨教室等教室类型，鼓励使用爱课堂、雨课堂和线上慕课的教学工具，形式丰富多样，能满足各种教学方式。青年教师学习能力强，有热情尝试不同的授课类型，结合多样化的智慧教学手段创造性地打造"金课"。

3. 教研相长

一方面，青年教师通过教学促进自身对书本知识的深度学习，从而对相关理论知识产生更加透彻的理解，对实验数据进行更加全面的分析。另一方面，青年教师在教学活动中自觉融入科研中的新成果和新思想，用学术充实课堂，做到教研相长、学能并进。

(二) 有关思考

在青年教师助教制度实施过程中，需要进一步思考以下问题。

1. 教学和科研的关系

青年教师因为考核和晋升等缘故，会投入更多时间在科研中，如何协

调教学和科研的关系，是每位青年教师必须思考的问题。以笔者所在学校为例，该校院系考核可以平衡教学和科研的工作量，但在晋升考核中，教学只是一个基础条件，更关注科研成果，不利于青年教师的教育教学能力增强。

2. 内在价值感缺失

青年教师基本具有博士学位，但收入往往较其他行业同等学历者低。以笔者所在院校为例，该校专职博士后年收入虽具有一定竞争力，但续聘条件严格，对科研水平要求高。由于教学的回馈不如科研高，青年教师对于教学的态度会介于理想和现实之间，容易造成内在价值感缺失。

五、结语

综上所述，青年教师助教制度有助于高校师资队伍建设，有助于提升青年教师的教育教学水平，更能适应新时代本科教学要求。对于青年教师面临的教学困境，希望相关部门予以重视，着力提升高校教师的核心竞争力，协调教学和科研的比重，激发青年教师的活力和创造力，使之成为中国高等教育的中坚力量。

以党的二十大精神为指引
推动基层教学组织建设提质增效

李 琰 李成容 何 勤 任克柏

（四川大学华西药学院）

摘 要：党的二十大报告强调要全面提高人才自主培养质量。基层教学组织建设是高等教育高质量内涵式发展的重要组织保障。本文剖析了当前高校基层教学组织建设存在的问题，以四川大学华西药学院为例，总结了在新时期下如何建设与高等教育发展相适应的基层教学组织，以做好一流本科建设和一流人才培养的组织保障，落实好教学工作的"最后一公里"。

关键词：高等教育；基层教学组织；高质量内涵式发展

党的二十大报告首次将教育、科技、人才进行统筹安排，强调"教育是国之大计、党之大计""育人的根本在于立德，全面贯彻党的教育方针，落实立德树人根本任务""全面提高人才自主培养质量"[1]，围绕"培养什么人、怎样培养人、为谁培养人"这一教育根本问题提出明确的要求，这

---

① 习近平. 高举中国特色社会主义伟大旗帜 为全面建设社会主义现代化国家而团结奋斗——在中国共产党第二十次全国代表大会上的报告［J］. 党建，2022（11）：4—28.

是新时代新征程上党和国家对教育事业的总体战略部署。党的二十大报告为我们开展育人工作、推进学院高质量内涵式发展、培养一流人才、服务国家需求、争创世界一流提供了根本遵循。

作为高校落实教学任务、开展教学和教研活动、推进教学研究及改革、促进教师教学成长与发展、培养高质量人才的最基本单位[①]，基层教学组织对高校教育质量的提升起着基础和保障作用，是我国高等教育实现内涵式发展的出发点和落脚点。面对党的二十大报告提出的关于人才培养的新的时代命题，如何重构与教育高质量内涵式发展相适应的基层教学组织，激发基层教学组织活力，以提高教育教学质量，提升人才培养质量，是值得探索的重要课题。

一、当前基层教学组织建设存在的问题

高校基层教学组织在教学管理、专业建设、教材建设、课程建设、师资建设、教研教改等方面都发挥了重要的作用，且在高校改革的推动下开展了许多有益的探索，取得了明显的进展和成效。但随着高校办学规模的不断扩大，基层教学组织的问题也逐渐显现，主要表现在以下几个方面。

（一）高校基层教学组织结构单一化、同质化

当前基层教学组织结构单一化、同质化，多表现为直线职能型组织，即以"教学单位—院系""教学单位—实验教学中心""系—教研组"等模式架构的直线组织。[②] 基层教学组织大多为单一学科，各组织间存在严重的学科壁垒，单一的基层教学组织形式难以满足"双一流"建设与"互联

[①] 陆国栋，张存如. 基层教学组织建设的路径、策略与思考——基于浙江大学的实践与探索［J］. 高等工程教育研究，2018（3）：130-136，141.
[②] 吕蔷蔷. "双一流"建设背景下高校基层教学组织改革与提升机制［J］. 教育探索，2021（6）：39-43.

网＋"时代对基层教学组织建设的新要求，难以保障一流的人才培养。

（二）高校基层教学组织主体功能被弱化

基层教学组织以完成教学任务、开展教育教学研究、提升教学质量为目标，是教育教学的重要组织保障，而当前部分高校基层教学组织在实际运行过程中，教学教研的主体功能已被忽视、弱化。① 同时，青年教师的培养滞后，教师教学共同体缺失，教学管理不规范，同行间的教学研究与交流缺乏，教师教学水平提升和专业化发展受限，难以形成良好的教学学术氛围。

（三）基层教学组织制度保障不全

部分基层教学组织在建设、运行以及发展过程中，缺乏全面的保障制度。② 组织内成员职责不清，不同学科的基层教学组织之间缺乏联动，奖励机制过少，缺乏相应的激励举措，教师对基层教学组织发展重视度不够，高校或二级学院对基层教学组织发展经费投入不足，不能有效发挥其效能。

二、新时期高校基层教学组织建设探索

四川大学华西药学院（简称"学院"）将基层教学组织建设与改革列为本科教学工作重点，创新组织形式，重构与高等教育内涵式发展相适应的基层教学组织，健全管理制度，规范教育教学管理过程，提高基层教学组织建设水平，切实发挥基层教学组织在"双一流"建设、新医科建设中的重要地位和作用，提高人才培养质量。

---

① 杨林，赵春鱼，陆国栋，等. 地方本科高校教师教学发展特征的数据分析［J］. 高等教育研究，2020，41（12）：84—92.

② 邱琳. 高校基层教学组织改革与教学团队建设分析［J］. 当代教育实践与教学研究，2019（10）：130—131.

（一）顶层设计，落实立德树人根本任务

党的二十大报告中强调，"全面贯彻党的教育方针，落实立德树人根本任务，培养德智体美劳全面发展的社会主义建设者和接班人"。思政课程是落实立德树人根本任务的关键课程。课程思政改革是实现"五育并举""全员、全过程、全方位"育人的重要举措。学院在基层教学组织建设与发展中特别强化"立德树人"与顶层设计，始终坚持以人才培养目标为一切工作的出发点和落脚点，纵深推进课程思政建设，做到课程思政润物无声，通专融合，将社会主义核心价值观和中华优秀传统文化融入教学。

（二）以一流人才培养为核心，优化组织结构，探索形式多样、交叉融合的基层教学组织形式

学院目前有药剂学系、药物化学系、天然药物学系、药理学系、临床药学与药事管理学系、生物技术药物学系、药物分析学系、现代药学专业中心实验室等八个以"学系"为主题的实体基层教学组织，围绕教育教学质量提升、课程建设、教材建设、教师发展、教学改革等方面定期开展教学教研活动。

在一流专业、一流课程"双万计划"建设过程中，围绕一流人才培养，以课程建设为载体，学院组建了多个以课程组为单位的基层教学组织，如"药剂学"课程组、"药物化学"课程组等，课程组以提升课程教学质量为目标，共同研讨课程"高阶性、创新性、挑战度"、教学案例设计、教学组织方式设计、教学表述、师生互动、探究式－小班化教学、非标试题、课程考核等，充分发挥基层教学组织"教"与"研"的职能，建立起教师间有效的沟通、交流、学习机制。

构建学科交叉融合的基层教学组织形式。新医科建设与拔尖人才培养

都对加强多学科、多领域协同育人提出了新要求。学院鼓励教师根据学科特点和课程要求整合不同学科优势师资力量，开设跨学科课程、组建跨学科的教学团队。目前建设有4个跨学科教学团队：基于学科基础课程"化学生物学"的教学组织、基于通识教育核心课程"药物进化史：人类文明的别样视野""生命的伦理：禁忌、技术与未来""返本开新：中医药的传统与未来"的教学组织。对跨学科教学团队这类非实体的基层教学组织来说，团队建设及成员间的互动是影响课程效果的重要因素。团队成员需通过共同制订教学方案、集体备课、总结分析学生阶段性学习效果、开展教师培训等多种方式提高教师授课水平，保证课程授课质量。

（三）试点先行，以现代信息技术为依托，探索虚拟教研室建设

习近平总书记高度重视信息化建设与数字中国发展，怀进鹏部长也多次提出要促进数字技术与传统教育融合发展，以教育信息化推动教育高质量发展，以教育信息化引领教育现代化。虚拟教研室试点建设是以习近平新时代中国特色社会主义思想为指导，深入贯彻全国教育大会精神和《中国教育现代化2035》文件精神，以立德树人为根本任务，以提高人才培养能力为核心，将现代信息技术与教育教学深度融合，建设类型多样、动态开放的虚拟教研室，引导教师回归教学、热爱教学、研究教学，为高等教育高质量发展提供有力支撑。①

学院积极探索虚拟教研室建设，药剂学虚拟教研室获首批省级课程教学类虚拟教研室建设试点，首批成员单位包括四川大学、北京大学、沈阳药科大学、兰州大学、西南医科大学、西南民族大学等。药剂学虚拟教研室以课程（群）教学为主题，以立德树人、协作共享、分类探索为建设原

---

① 教育部高等教育司关于开展虚拟教研室试点建设工作的通知[EB/OL]. (2021-07-12)[2023-01-15]. http://www.moe.gov.cn/s78/A08/tongzhi/202107/t20210720_545684.html.

则，重点推进创新教研形态、加强教学研究、共建优质资源、开展教师培训等任务，推动高校间的互联互通，共建共享。作为首批成员单位，学院还加入了国家级虚拟教研室——中国药科大学药学课程虚拟教研室（课程教学类）、哈尔滨医科大学临床药学专业虚拟教研室（专业类），鼓励学院教师积极参加虚拟教研室培训交流，聚焦前瞻性教学学术问题，对未来专业建设、课程建设、人才培养、教学评价等进行全面探索，做到主动应变，主动求变。

（四）推进学院各基层教学组织与四川大学教师教学发展中心的良性互动

持续推动基层教学组织高效建设需要充分利用学校教师教学发展中心的资源。四川大学教师教学发展中心具有优质的课程教学资源，可为学院各基层教学组织提供教学学术讲座，教学培训、交流、观摩活动，教学改革项目、青年教师教学竞赛等。通过加强与学校教师教学发展中心的有效联动、良性互动，可引导教师聚焦与具体专业、课程相关的学科教学方法研究，为教师个体的教学发展提供常态化的支持。

（五）学院层面定期开展高水平基层教学教研活动，提高教师教学学术能力，为基层教学组织发展提供动力

一是持续推进药学人才培养研讨。学院定期组织或参与新医科背景下药学创新人才培养论坛，加强与国内兄弟院校（北京大学、复旦大学、中国药科大学、沈阳药科大学等）、医药企业、研究院所的交流合作，深化科教融合、产教融合，开展基于校－校、校－企、校－研的药学人才培养研讨。

二是以新医科建设为依托，开展跨学科、跨院系教师间的教学共享和教学合作。以"教学学术"为中心，以"药学＋医学""药学＋化学""药

学+生物""药学+高分子"等开展跨学科、跨院系交流合作，推进药学与不同学科深层次的交叉融合，促进跨学科、跨院系教师间的教学共享和教学合作，促进知识流动与协同融合。例如：学院与化学学院共建"绿色化学与创新药学双创实验中心"，按照世界一流的标准和"先进性、专业性、课程性、创新性"四位一体的建设理念，大力提升设备建设和开放共享水平，打破学科/专业壁垒，促进学科交叉，激活源头创新。

三是围绕一流专业建设、一流课程建设、优秀教材建设、拔尖人才培养、教改项目开展、教学成果凝练、课程思政等主题，开展多种研讨交流形式的高水平教师教学发展活动，同时借助互联网技术，扩大参会人群，重点解决新医科建设中教师在教育教学层面具有的共性理论和现实问题，为教师提升教学能力、践行先进教学理念、推广先进教学技术方法提供培训示范平台，教师有针对性地学习经验、互动交流、研讨碰撞。

（六）实施评估考核与柔性激励相结合的机制，树立基层教学组织建设的标杆典型，营造开放共享的教学文化

有效的激励与考核机制是激发基层教学组织活力的关键。学院每年组织基层教学组织工作总结与考核交流会，搭建各基层教学组织相互交流、相互学习的平台，依据考核指标体系组织评选"年度优秀基层教学组织""年度优秀教师代表""华西药学院基层教研品牌活动"，对优秀基层教学组织的建设、管理经验及优秀活动案例进行展示、宣传。考核结果是柔性激励的依据，对考核优秀的基层教学组织奖励运行经费。以打造品牌，力求活动实效为目标，孵化培育华西药学院特色教研活动。通过树标杆，及时总结特色经验、做法，更好地发挥基层教学组织之间的辐射、示范和引领作用。设立"基层教学动态"网络专栏，在线发布各基层教学组织的教学学术动态，定期表彰、宣传"优秀基层教学组织""优秀教师代表"。

（七）完善基层教学组织制度保障

基层教学组织建设与发展需要扎实推进制度建设，不断完善基层教学组织制度供给体系。[①] 四川大学华西药学院建立了全面的基层教学组织制度保障并不断完善，包括基层教学组织管理制度和基层教学日常运行制度。基层教学组织管理制度有基层教学组织工作规范、基层教学组织年度考核指标体系，基层教学日常运行制度涵盖专业课程建设、教师培训、新教师试讲、集体备课、学术研讨、教学改革、教学奖励、开学检查、听课评议等方面，保障、规范、强化基层教学组织运行。

三、结语

基层教学组织是高校教学质量提升、实现内涵式发展的关键。随着社会进步与发展，基层教学组织必将衍生出更多的新形态、新范式，抓好基层教学组织建设，纵深推进教育教学改革，持续充分激发基层教学组织效能，需要我们不断在实践中探索与思考。

---

① 周国平，张宝．内涵式发展背景下高校基层教学组织建设研究：基于 A 大学的考察［J］．保定学院学报，2022，35（6）：85—90．

专业设置与"就业—招生—培养"联动机制探究

丁宇飞　胡廉洁　王　鹏　谭杰丹　白　伟　王苏宁

（四川大学教务处）

摘　要：就业工作质量是体现高校人才培养质量的重要指标。以高质量就业为导向，高校在培养学生的过程中应重视"就业—招生—培养"的联动机制。专业设置是该联动机制的重要一环，本文首先从目前高校专业设置存在的问题进行挖掘，进而提出破解专业设置方面问题的方法，对"就业—招生—培养"联动机制在专业设置维度进行了系统深入研究。

关键词：人才培养；专业设置；"就业—招生—培养"联动

为全面贯彻党的教育方针，落实立德树人根本任务，深入推进党的二十大精神进课程、进教材、进头脑，各高校围绕"培养什么人、怎样培养人、为谁培养人"，在人才培养的过程中逐渐加大了对于"就业—招生—培养"联动机制的探究。① 当前，实现人才供给和需求的动态平衡已成为

---

① 黄兆信. 用科学发展观构建高校招生培养与就业联动改革体系［J］. 高等工程教育研究，2006（1）：46—48.

高校适应国家经济社会发展需要和促进教育教学改革的重要工作。[1] 因此，以就业需求为导向，厘清就业、招生、培养三者之间的紧密联系，追本溯源地分析人才培养中存在的问题，是推进"三进"工作的重中之重。

国内学者围绕"就业—招生—培养"三者间互相影响、互相制约的关系，对该联动机制展开了一系列研究。黄兆信[2]等提出从源头抓起，紧跟人才市场需求，制订科学的招生计划，及时调整专业结构与设置，实行科学培养，同时引导学生转变观念，树立科学的就业观，进而高效提高人才培养质量；万庆生[3]等以就业质量作为导向，构建了"就业—招生—培养"联动关系模型，并提出了"就业—招生—培养"联动的实施策略；吕慈仙[4]等则从服务型教育体系的视角出发，认为以市场需求为导向，需在专业设置、布局过程中将创新能力和实践能力作为重要参考因素，进而更好地培养创新型人才；宋俊秀[5]等以"新经管"科学内涵为基础，系统分析了"就业—招生—培养"三者之间的关系，精准剖析联动机制构建所面临的困境及"新经管"战略下三项联动的实践经验。

综上所述，我国学者对高校"就业—招生—培养"联动机制的研究进行了不同层面的探讨，但在研究中仍然有必要进一步深入。其中，专业设置是"就业—招生—培养"的重要一环，是人才培养过程的基础。然而，我国高校在战略新兴专业布局、捕捉社会需求敏锐度、交叉学科专业设置

---

[1] 王关义，魏荷凤. 本科招生、培养、就业联动机制研究——以北京印刷学院人才培养为例 [J]. 北京教育：高教版，2015 (11)：37-39.

[2] 黄兆信，谢志远，应朝帅. 招生培养与就业联动改革理论与实践 [J]. 中国高教研究，2006 (1)：81-82.

[3] 万庆生，王英，李友善，等. 高校招生、培养、就业联动机制研究 [J]. 价值工程，2012，31 (36)：234-236.

[4] 吕慈仙，郑孟状. 服务型教育体系下高校招生就业联动模式的构建 [J]. 教育发展研究，2011 (23)：52-56.

[5] 宋俊秀，吴艳萍. "新经管"战略下高校"招生、培养、就业"联动机制研究——以某财经大学为例 [J]. 北京城市学院学报，2020，(3)：67-73.

等方面存在较大不足。① 本文通过发掘目前高校专业设置存在的问题，进而提出破解专业设置方面问题的方法，从专业设置这一维度，对"就业—招生—培养"联动机制进行了系统深入研究。

一、从就业看专业设置存在的主要问题

（一）国家战略新兴专业发展滞后

发展国家战略新兴专业是解决国家"卡脖子"问题的关键，新兴专业人才是目前我国就业市场的巨大缺口。对于注重关键核心技术和新兴交叉人才培养的新兴专业的建设工作还需要进一步推进。目前，我国传统专业设置体系仍沿袭了计划经济时代的行业模式，尽管有所改革，但总体上存在专业量多，专业口径狭小，部分专业老化、战略新兴专业建设相对滞后等一系列跟不上就业需求的困扰。同时，在一些新兴产业领域，还存在技术瓶颈和人才短缺的问题。例如，人工智能、物联网、智能制造等领域需要人才密集支持，但相关专业的人才短缺情况较为严重。因此，如何发展新兴专业、缩减老旧专业，解决国家"卡脖子"的问题是我国高校当下亟待破解的难题。

（二）专业设置捕捉社会需求的敏锐度不够

学生的就业情况和市场反馈是专业设置的重要考虑因素。如果仅考虑学科的师资队伍力量、科学研究水平、建设发展需求以及考录比、生师比、生源质量等因素，却对当前的就业市场缺乏敏锐度，会出现专业结构设置不合理，某些冷门专业"供大于求"热门专业人才匮乏的局面。同时，大多数高校"就业—招生—培养"动态调整系统尚未启动或处于孵化

---

① 王英，万庆生，韩文灏. 高校招生、培养、就业联动机制的探索与实践 [J]. 东北农业大学学报（社会科学版），2013，11（3）：110-114.

期，导致专业设置缺乏有效的反馈机制。由于学校对社会需求变化的敏锐度还不够，其教学过程中常常出现教学内容无法与实际需求对接，培养方案及课程设置老化等问题，导致毕业生难以找到合适的工作。因此，抛开就业市场进行专业布局调控，往往会导致专业设置的不合理。

（三）交叉学科专业设置不够

人才培养是联动机制的核心。然而，传统的专业教育体系，存在专业培养目标、培养要求、课程设置等方面不合理，课程内容整合度不高，学科之间交叉融合度不高的问题。目前，具备复合型交叉领域知识和技能的人才在就业市场上存在巨大的需求缺口。为培养更多复合型交叉人才，各高校逐步开展了双学士学位专业和交叉学科专业的建设工作，然而，目前的专业教育体系对复合型交叉人才的培养力度远远不够。首先，专业设置主要聚焦于技术上的"精"，却缺乏对学生能力塑造的"新"，因此，复合型交叉人才的培养在当前的教育体系下相对困难；其次，由于学科和院系壁垒尚未打破，学科优势和科研强势尚未充分转化，复合型交叉人才培养存在培养模式单一、专业特色不鲜明、影响力不足的问题；同时，目前的双学士学位专业和交叉学科专业主要聚焦于"理""工""医"学科之间的融合，文科专业的交叉融合还有待加强。

二、破解专业设置方面问题的方法

（一）推进国家战略新兴专业建设

对高校专业的合理布局，首先需要瞄准战略新兴行业需求，着力打造优势特色专业建设，推动专业集群式发展。在打造新兴专业时，各高校需积极对接"一带一路""中国制造 2025""互联网＋""新能源"等社会需求旺盛的新兴热点领域，打造"四新"专业"特区"，重点建设网络空间安全、电子信息等"卡脖子"核心技术领域，人工智能、核科学与技术、新材料与技术等前沿交叉学科，公共卫生、"双碳"等新兴战略专业，为我国新兴产业及新经济发展培养专门人才，填补我国就业市场新兴专业人才的巨大缺口。

（二）深化专业供给侧改革

深化专业供给侧改革，根据市场情况优化专业类型和招生数量是专业设置的重要一环。近几年，计算机、电子信息、临床医学等专业因其就业前景广阔，受到广大考生的关注和欢迎，为适应市场需求，立足招生、就业、培养指标，学校需根据实际情况开展专业建设工作。可将招生第一志愿率、招生调剂率、就业率、深造率、转专业率、生师比、高级职称教师占比等指标作为综合参考因素，制定"就业—招生—培养"动态调整系统，控制专业规模、调减专业数量、提升专业品质。结合就业市场，各高校应围绕国家新工科、新农科、新医科、新文科的总体建设，合并、调整、缩减招生专业（类）数量。参照市场和就业情况，根据各高校实际，增设就业好、考生填报意愿高的专业；撤销就业形势差、考生填报意愿不强的专业，不断提升专业内涵，努力促进专业内涵式培养由"以量谋大"到"以质图强"的战略转变。

（三）促进交叉学科专业发展

复合型交叉人才是我国目前人才市场的巨大缺口。大力推进双学士学位专业和交叉学科专业的建设工作，为就业市场输送复合型交叉人才是优化专业设置的一项重要工作。高校应围绕"四个面向"，构建有组织、体系化的学科集群，从学校优势学科入手，推动多学科深度交叉融合。例如，采用大类招生，对学生在低年级进行"厚通识、宽视野、多交叉"模式培养，在人才培养过程中，应超越狭窄的专业限制，为国家输出知识面宽、专业扎实的"既通又专"的复合型高素质人才[①]；全面推进双学士学位专业申报工作，尤其加大目前交叉较少的文科专业之间的融合；对申报双学士学位项目的双边专业进行评估，保证双边专业不是盲目合并，而是科学交叉融合。

三、结语

专业设置是"就业—招生—培养"中的源头环节，科学合理的专业设置能提高学生的市场竞争力。本文从国家战略新兴专业发展滞后、专业设置捕捉社会需求的敏锐度不够和交叉学科专业设置不够等三方面原因入手，分析了目前国内高校专业设置所存在的问题，并讨论了产生问题的原因和破解方法，以期专业设置能更好地服务于就业市场，促进"就业—招生—培养"联动机制有效运行。

---

① 黄晓波. 高校"大类招生培养"改革反思［J］. 华南师范大学学报（社会科学版），2013（6）：43-48.

高校推进党的二十大精神"进教材"建设与管理研究[*]

王苏宁 王 鹏 白 伟 丁宇飞

(四川大学教务处)

摘 要：高校教材作为学科知识的重要载体，是高校开展教学工作的关键因素。学习贯彻党的二十大精神，积极推进党的二十大精神"进教材"是高校教师的重要责任。高校要不断强化教材建设与管理，不断探索党的二十大精神"进教材"的有效途径和渠道，用中国化、时代化的马克思主义理论培育高校学生，使学生全面、深刻地领会马克思主义理论的精髓，坚定"四个自信"，踔厉奋发、勇毅前行，自觉肩负起学习、研究和实践习近平新时代中国特色社会主义思想的历史使命，让党的二十大精神在广大师生中落地生根、开花结果。本文对党的二十大精神"进教材"的重要性，以及党的二十大精神"进教材"建设与管理措施进行相关研究，以期为新时代高校教材管理工作提供借鉴。

关键词：党的二十大精神；进教材；高校；建设与管理

---

[*] 本文系 2023 年四川省高等教育人才培养和教学改革重大项目"以'三进'为抓手的一流大学五育并举实效性研究与实践"(JG2023-9) 阶段性成果。

党的二十大的胜利召开，拉开了中国式现代化新时代、新征程的伟大序幕。如何全面、深刻地把握党的二十大精神的内涵，如何学习好、宣传好党的二十大的新理论、新思想，是今后一段时期首要的政治任务。高校作为宣传党的路线、方针、政策的主阵地，更是重任在肩。高校教材是高校教师传授知识的重要基础，是集教育逻辑、知识逻辑以及意识形态逻辑为一体的内容载体，如何让党的二十大精神"进教材"，并让当代青年学子学习领会到党的二十大的新政策、新思想、新理念，是高校教师当前的重要使命和职责。

一、党的二十大精神"进教材"具有重大的现实意义

推动党的二十大精神"进教材"，是学习宣传贯彻党的二十大精神的重要要求。党的二十大报告内容十分丰富，无论是对过去工作的总结，还是对未来工作的部署，都展现出党中央的高瞻远瞩和深邃思考。高校教师与青年学子唯有完整、准确、全面地领会党的二十大精神，才会让党的二十大精神入脑、入心、入行，才会在今后求学生涯中求真理、悟道理、明事理。

（一）党的二十大精神"进教材"是提高人才培养质量的重要基础

高校教材是衡量高校学术水平的主要标志，同时也是向大学生传授知识的重要工具。习近平总书记在全国高校思想政治工作会议上指出，"教材建设是育人育才的重要依托。建设什么样的教材体系，核心教材传授什么内容，倡导什么价值，体现国家意志，是国家事权。"教材建设的地位

比以往任何时期都更高、更重要。① 将党的二十大精神融入教材，对于提高人才培养质量和教学质量具有重要意义。我国地域辽阔，文化多样，将党的二十大精神根植于青年学子心中，有助于进一步提升当代青年的凝聚力和向心力，有助于增强当代青年对共产主义的信仰和对中国特色社会主义的信念，有助于提高当代青年不惧坎坷的信心，使当代青年学子做到心中有梦，志存高远，不负韶华。

（二）党的二十大精神"进教材"是当代青年学子树立正确观念的坚实支撑

在党的十八大报告中，提出了要推动中国特色社会主义进课堂、进教材、进头脑的明确要求。② 党的十八大以来，中国共产党带领中国人民取得了彪炳中华民族发展史册的历史性胜利，创立了习近平新时代中国特色社会主义思想，实现了马克思主义中国化时代化新的飞跃。党的二十大的召开，开辟了马克思主义中国化时代化新境界。党的二十大是在全党全国各族人民迈上全面建设社会主义现代化国家新征程、向第二个百年奋斗目标进军的关键时刻召开的一次十分重要的大会，同时也是在世界处于百年未有之大变局的动荡变革时期召开的一次重要会议。党的二十大报告凝聚了全党的智慧，是对我国未来五年乃至今后更长一段时间发展蓝图的战略谋划，更是新时代的政治宣言，提出了一系列新思想、新目标、新规划和新举措。这些无一不与当代大学生的学习、生活、未来工作及发展息息相关。

此外，随着我国经济社会的快速发展，文化和教育环境发生了巨大的

---

① 杨柳，罗生全. 教材建设国家事权：内涵、性质与价值［J］. 全球教育展望，2023，52（3）：113-128.
② 彭玉凌，肖星. 关于高校思想政治教育"三进"工作的思考［J］. 教育理论研究，2015（3）：81-82.

变化。当代大学生正处在思想意识多元、多样、多变的复杂环境中,其价值观和思想道德观念极易受到外界大环境的干扰和影响。① 将党的二十大精神融入教材,通过优质的教材向青年学子传递正确的世界观、人生观和价值观,是帮助青年学子坚定理想信念、增强抵御错误思潮能力的重要途径,有利于青年学子不断提高战略思维、历史思维、辩证思维、系统思维、创新思维、法治思维、底线思维能力,并有利于青年学子将个人目标同国家发展相结合,将"个人梦"融入"中国梦",进而实现人生价值,并为祖国建设添砖加瓦。②

(三)党的二十大精神"进教材"是习近平新时代中国特色社会主义思想在学生中落地生根的根本要求

习近平总书记在党的二十大报告中对青年寄语:"青年强,则国家强。广大青年要坚定不移听党话、跟党走,怀抱梦想又脚踏实地,敢想敢为又善作善成,立志做有理想、敢担当、能吃苦、肯奋斗的新时代好青年,让青春在全面建设社会主义现代化国家的火热实践中绽放绚丽之花。"③ 教材作为高校教师与学生"教"与"学"的必要工具,迫切需要进一步汲取党的二十大精神和习近平新时代中国特色社会主义思想,用中国化、时代化的马克思主义理论培育高校学生,使学生深刻、全面地领会马克思主义理论的精髓,坚定"四个自信",踔厉奋发、勇毅前行,自觉肩负起学习、研究和实践新时代中国特色社会主义的历史使命,让党的二十大精神和

---

① 叶波. 化知识为素养:现实困境、理论阐释与教学实现 [J]. 中国教育学刊, 2021 (8):45-49.
② 吴付来. 思政课要讲深讲透讲活"六个坚持" [N/OL]. 人民日报,(2022-12-07) [2023-3-08]. http://theory.people.com.cn/n1/2022/1207/c40531-32582049.html.
③ 习近平. 高举中国特色社会主义伟大旗帜 为全面建设社会主义现代化国家而团结奋斗 [EB/OL]. (2022-10-16)[2023-03-08]. http://www.xinhuanet.com/politics/cpc20/202210/25/c_1129079429.htm.

习近平新时代中国特色社会主义思想在广大师生中落地生根、开花结果。

二、党的二十大精神"进教材"建设与管理措施

党的二十大报告内容十分丰富，将党的二十大精神融入高校教材建设至关重要。高校拥有雄厚的人才基础和扎实的研究实力，在理论阐释和教材编写方面具有重要的责任和使命。要切实做好党的二十大精神"进教材"，引导当代青年学子做爱国、励志、求真、力行的时代新人，让青年学子更加准确把握党和国家前进的方向，自觉融入实现中华民族伟大复兴的奋斗中，需要高校不断探索与完善教材建设与管理措施。

（一）注重教材建设团队的专业性、高素质是推动党的二十大精神"进教材"的必要前提

教材编写任务重大，其影响和意义亦极其重要。教材编写的导向与水平关乎学生对教材知识、教材观点以及教材思想的理解，影响学生对党、对国家以及社会的认知。[1] 因此，高校教材建设离不开一支具有爱国主义情怀的专家、大家和名师队伍。高校需始终牢记"培养什么人、怎样培养人、为谁培养人"这一根本问题，从源头贯彻落实"进教材"这一重大任务。要对教材编写团队严把关、高要求，提高教材编写门槛，引导爱国、爱党，对党的二十大精神理解透彻，同时具备长期、丰富的一线教学经验，并在专业领域内具有影响力的专家学者加入教材建设团队。此外，高校可以请马克思主义学院的思想政治教育名师在教材建设团队中对党的二十大精神和习近平新时代中国特色社会主义思想进行详细剖析和讲解，让党的二十大精神在教材建设团队成员中入脑、入心、入行，确保教材编写

---

[1] 朱华. 论教师的教材素养及其提升[J]. 湖南科技大学学报（社会科学版），2020(4)：180−184.

者对党的二十大精神具有深刻的认识和理解，确保党的二十大精神春风化雨般融入教材内容，让透彻的理论思想具有说服力、影响力和感召力。教材编写者多一份责任心，多一份用心，学生就会多一份专心，多一份"红"心。

（二）注重教材建设的方向性、发展性、时效性是推动党的二十大精神"进教材"的可靠基础

随着信息技术的快速发展，高校大学生如今可以通过众多渠道即时获得海量信息资源。而当今社会正处于世界之变、时代之变、历史之变的动荡变革期，逆全球化、经济衰退等复杂因素、矛盾相互交织，倘若学生无法正确辨别与对待，将易产生对祖国、对党、对社会的认知偏差。因此，高校教师需牢牢把握教材建设的政治方向和价值导向，抵制和防范各种错误思潮对教材的渗透影响，确保在校大学生的思想与党和国家的思想保持一致，确保学生价值观的正确性、积极性。此外，教材建设的速度需紧跟新时代知识更新的速度，保证教材建设的发展性、实效性。教材编写者需不断提升自身理论素养，提升知识转化与融合能力，及时把最新的知识和理念编入教材、教案以及教学课件中，及时摒弃因循守旧的僵化思想，做到与时俱进，彰显时代性，充分体现党的创新理论成果，用精准的思想带领学生欣赏理论胜境，让新的理论思想在教材中活起来、新起来，充分发挥教材铸魂育人、关键支撑、固本培元的功能和作用。

一方面，教材编写者要及时更新、修订已出版的教材，确保学生和教师所用的教材中饱含新时代的元素、新时代的思想、新时代的精神。另一方面，教材建设管理部门要减少教材立项、编辑、出版的烦琐流程，缩减教材出版时长，让在校大学生能够及时从教材中汲取新知识、新思想、新观点。

（三）注重教材建设的数字化、立体化是推动党的二十大精神"进教材"的动力引擎

创新是贯穿党的二十大报告的一条主线，加快建设教育强国是事关高质量发展和中国式现代化的关键任务之一。如何创新性地将党的二十大精神融入教材是奋力推动党的二十大为高校教育事业擘画的美好蓝图成为现实的必经之路。当前，新一轮科技革命和产业变革深入发展，数字技术愈发成为驱动思维方式、组织架构和运作模式发生根本性变革、全方位重塑的引领力量。① 而传统的高校教材信息管理已无法满足新型优秀人才的培养要求，因此高校应充分运用数字技术的发展优势，通过创新性的思维方式，促进教材的数字化、立体化，让纸质版教材与数字化教材（纸质教材数字化、多媒体数字教材、互动式数字教材和集聚式数字教材）协调发展。数字化技术是引领未来的新浪潮，教材编写与数字技术的结合，必将突破传统教材的局限，使教材更加生动、更加直观、更加具有感召力、更加具有吸引力，满足新时代背景下高校优秀人才的个性化、多元化培养需求。因此，高校需强化数字赋能，注重教材建设的数字化、立体化，实现多主体、多维度、多层次的高效互动，促进党的二十大精神以高效、动态、共享的方式"进教材"，促使学生学习、理解、贯彻党的二十大精神。

（四）注重教材建设的政策支持是推进党的二十大精神"进教材"的有力保障

教材是高校教育的灵魂所在，其优良与否关系到教师教学的水平和学生对新知识、新思想的接受程度。教材建设是一项重要而细致的"工程"，

---

① 怀进鹏. 数字变革与教育未来[EB/OL]. (2023-02-13)[2023-03-08]. http://www.jyb.cn/rmtzgjyb/202302/t20230214_2110999886.html.

需要编写者倾注大量的时间与精力。高校教材建设管理机构需建好教材编写激励机制，并做好教材建设的配套支持，如经费投入、绩效引导、职称倾斜等，同时为思想品德优秀、专业知识过硬、教学经验丰富的教师搭建教材编写团队，形成"老年教师－中年教师－青年教师"的团队模式，最大限度地调动优质资源，既保证教材的传承性，又保证教材的新颖性。通过政策的引领和保障，吸引更多的优秀教师加入，形成教材建设的合力，打造思想性、系统性、科学性、生动性、先进性相统一的优秀教材，促进党的二十大精神在教材建设中落地生根。

三、党的二十大精神"进教材"建设与管理展望

习近平总书记在党的二十大报告中提出："全党要把青年工作作为战略性工作来抓，用党的科学理论武装青年，用党的初心使命感召青年，做青年朋友的知心人、青年工作的热心人、青年群众的引路人。"高校教师作为大学生的引路人，更要充分认识到自身肩负的重任，全面学习领会贯彻习近平新时代中国特色社会主义思想，坚定"四个自信"，增强"四个意识"，坚持"两个确立"，做到"两个维护"，踔厉奋发、勇毅前行，做好党的二十大精神的传播者，做好学生的指导者和领头人。

高校需不断探索党的二十大精神"进教材"的有效途径和渠道，坚持理论与实践相结合，基本原理与生动实例相结合，根本方法与有效实验相结合，让党的二十大精神在教材中"活起来"，在学生中"用起来"。

课程思政对高校学生的吸引度及其影响因素研究*

杨 帆 白佳夕

(四川大学公共管理学院)

摘 要：课程思政建设担负着立德树人、全面提高人才培养质量的使命。课程思政必须破解的关键难题是对学生的吸引力问题。本文通过对326位高校学生的问卷调查，考察课程思政对学生的吸引度，从学生、教师和师生互动的视角分析其影响因素，并提出提升课程思政对学生的吸引力的有效路径。必须强化学生对课程思政的情感态度和工具性认知，营造优良的课程思政教学氛围，加强课程思政教学中师生的双向互动。

关键词：课程思政；吸引度；教育生态学；隐性教育；立德树人

一、引言

全面推进高校课程思政建设是深入贯彻习近平总书记关于教育的重要

---

* 本文为四川大学新世纪高等教育教学改革工程项目（SCU9275）的阶段性成果。

论述和全国教育大会精神、落实立德树人根本任务的战略举措。① 作为一种隐性教育，通过在各类课程中发掘思政要素，课程思政教育实现了价值引领和知识传授、能力培育的有机融合。② 与此同时，课程思政建设需要破解的一个关键难题是对学生的吸引力问题，即如何让学生不反感、感兴趣、自觉接受融入专业课程教学中的思政内容，这是课程思政教学成败的关键。只有学生从内心接受并重视课程思政教学内容，课程思政教学才能够对学生起到相应的教育、引导、共情、感化和示范作用。由于新时代课程思政总体建设时间不长③，现有研究主要集中在课程思政建设的育人价值④、实践意义⑤、教学模式⑥、实现路径⑦、绩效评价⑧等方面，相对忽视了对作为课程思政接受主体的学生的关照。因此，本研究通过问卷调查，获取课程思政对高校学生的总体吸引度，并从学生、教师以及师生互动的视角探讨其显著影响因素，以期对完善课程思政建设有所裨益。

二、理论、经验与假设提出

20世纪70年代，劳伦斯·亚瑟·克雷明（Lawrence Arthur Cremin）

---

① 教育部全面推进高校课程思政建设［EB/OL］.（2020－06－05）［2022－04－14］. http://www.moe.gov.cn/jyb_xwfb/gzdt_gzdt/s5987/202006/t20200604_462550.html.
② 张影，谭仲璇. 隐性教育视角下高校专业课程思政育人教学实践路径研究——以数字色彩构成课程为例［J］. 教育观察，2021，10（33）：14－16.
③ 陆道坤. 新时代课程思政的研究进展、难点焦点及未来走向［J］. 新疆师范大学学报（哲学社会科学版），2022，43（3）：43－58.
④ 高德毅，宗爱东. 从思政课程到课程思政：从战略高度构建高校思想政治教育课程体系［J］. 中国高等教育，2017（1）：43－46.
⑤ 高德毅，宗爱东. 课程思政：有效发挥课堂育人主渠道作用的必然选择［J］. 思想理论教育导刊，2017（1）：31－34.
⑥ 李晓辉，朱宇晴，冯梅. 基于思政案例大赛的课程思政教学模式探讨［J］. 中国高等教育，2021（18）：40－42.
⑦ 蒲清平，何丽玲. 新时代高校课程思政教学提质增效的实践路径［J］. 思想教育研究，2022（1）：109－114.
⑧ 许祥云，王佳佳. 高校课程思政综合评价指标体系构建——基于CIPP评价模式的理论框架［J］. 高校教育管理，2022，16（1）：47－60.

提出教育生态理论，该理论是生态学思想和方法向教育学领域的拓展和延伸，主张通过要素联动思维和生态平衡思维关注教育生态系统中各要素的相互作用，将各要素放在整体中考察，从而优化教育生态，解决教育面临的实际问题。[①][②] 课程思政本质上依旧是一种教学，在课堂生态中涉及学生和教师两类主体，他们之间的信息与知识流动是双向互动的，他们共同挖掘、汲取与建构课程思政内容，从而实现师生互动与教学相长。因而在课程思政教学活动中，应该关注学生、教师这两类生态主体，以及在课堂内外场域中学生内部的相互影响和师生互动关系，从而优化课堂生态，实现教学动态均衡，促使专业课教学与课程思政形成协同效应（图1）。由此，本文从学生、教师和师生互动的视角来挖掘影响课程思政吸引度的潜在重要因素。

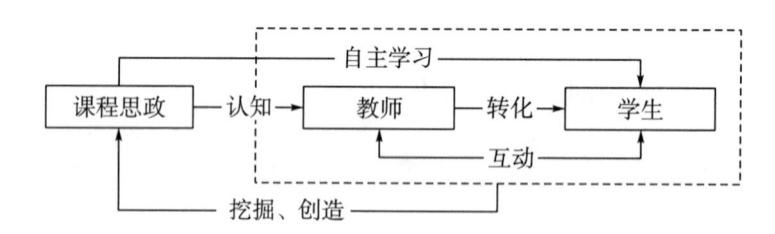

图 1　课程思政教学实施模型

就学生而言，作为已经成年或接近成年的理性行为人，课程思政对高校学生的吸引度，取决于高校学生对课程思政的理性思维和决策。个体对某一行为的态度是人们感知到的关于该行为的结果及其对这些结果的评价[③]。这种感知既包括某一行为可能带来的工具性利弊，也包括个体对某

[①] 楼艳，郭立群. 构建高校德育共同体：教育生态学的视角 [J]. 国家教育行政学院学报，2021 (3)：82-89.

[②] 崔高鹏. 教育生态学理论的经典运用——劳伦斯·亚瑟·克雷明《美国教育传统》研读 [J]. 高校教育管理，2010，4 (6)：82-85.

[③] 于丹，董大海，刘瑞明，原永丹. 理性行为理论及其拓展研究的现状与展望 [J]. 心理科学进展，2008 (5)：796-802.

一行为的情感态度,即对执行某一行为的情绪性反应,例如喜欢、好感,或厌恶、反感等。① 因此,本研究从高校学生的情感态度和工具性认知两个维度考察课程思政对高校学生的吸引度。

情感态度是指学生对课程思政内容所依托的思政教育元素所持有的,基于既有经验的情绪性反应和态度。这些思政教育元素涉及思想政治教育的基础知识、价值观念以及精神追求等;这种情绪性反应和态度来源于学生在成长过程中已经接受的相关思政教育的影响;这些思政教育包括中华民族伟大复兴、社会主义核心价值观教育,以及法治、劳动、心理健康、中华优秀传统文化教育等。一般而言,个体对某一事物、行为的情感态度越积极,该事物、行为对其的吸引度越高。② 据此,本研究提出如下假设。

假设1:高校学生对课程思政的情感态度影响课程思政对其的吸引度;情感态度越积极,吸引度越高。

工具性认知是指个体从功利性角度评估某一事物或行为对其自身是否有利,越有利则越可能激发个体接受某一事物或行为。③ 已有研究将工具性认知应用到大学生思想政治教育④、社会责任感培养⑤,以及创业活动

---

① 于丹,董大海,刘瑞明,原永丹. 理性行为理论及其拓展研究的现状与展望[J]. 心理科学进展,2008(5):796−802.
② David P French, Stephen Sutton, Susie J Hennings, et al. The Importance of Affective Beliefs and Attitudes in the Theory of Planned Behavior: Predicting Intention to Increase Physical Activity [J]. *Journal of Applied Social Psychology*,2005,35(9):1824−1848.
③ 姜黎黎,张峰. 基于实践理性的少数民族大学生思想政治教育三维向度研究[J]. 新疆大学学报(哲学·人文社会科学版),2019,47(4):61−67.
④ 李睿,丁雪松,李柳醒. 基于工具理性与价值理性融合的大学生社会责任感养成路径[J]. 思想政治教育研究,2016,32(5):89−92.
⑤ 刘珂珂,王彩云. 高校学生思想政治教育的困境与出路——基于工具理性与价值理性的分析框架[J]. 高校教育管理,2012,6(5):87−91.

中[1]，发现工具性认知在提升学生思想政治素质、培养社会责任感和激发创业行为中发挥着重要作用。不同学科的课程思政以协同育人、价值引领为共同理念，但呈现出授课方式、课程内容多样化的特点，学生对不同课堂中课程思政的工具性认知存在差异，本研究从课程思政内容的总体感知有用性视角探讨其对高校学生的吸引度。据此，本研究提出如下假设。

假设2：高校学生对课程思政的工具性认知影响课程思政对其的吸引度；总体感知课程思政有用性越高，吸引度越高。

除了个体的行为态度，某一事物或行为对个体的吸引度还受到主观规范的影响。[2] 主观规范是指个体的规范性信念，以及个体遵从于此信念的倾向，包括指令性及描述性规范。指令性规范侧重于关注某一个体对他人态度的感知，这种感知会影响个体的行为决策。如果个体认为他人对某一事物或行为持赞同态度，其也更有可能对该事物或行为持赞同态度，反之亦然。在课程思政吸引度研究的语境中，本研究将指令性规范界定为学生对老师和同学课程思政态度积极性的感知。据此，本研究提出如下假设。

假设3：高校学生对课程思政的指令性规范感知影响课程思政对其的吸引度；指令性规范感知越积极，吸引度越高。

描述性规范类似于"同群效应"，侧重于关注某一个体对他人特定行为的感知，强调他人的示范作用。[3] 这种示范作用越强烈，某一事物或行为对个体的吸引度越高。在课程思政吸引度研究的语境中，本研究将描述性规范界定为学生对周围同学课程思政学习认真程度和学以致用的感知。据此，本研究提出如下假设。

---

[1] 李燕凌，易自力. 大学创业教育之价值基础与工具理性［J］. 教育评论，2008（1）：62-65.

[2] 于丹，董大海，刘瑞明，原永丹. 理性行为理论及其拓展研究的现状与展望［J］. 心理科学进展，2008（5）：796-802.

[3] 于丹，董大海，刘瑞明，原永丹. 理性行为理论及其拓展研究的现状与展望［J］. 心理科学进展，2008（5）：796-802.

假设 4：高校学生对课程思政的描述性规范感知影响课程思政对其的吸引度；描述性规范感知越积极，吸引度越高。

教师在教学过程中发挥着知识枢纽作用：一方面，教师需要对所教授的知识融会贯通；另一方面，教师需要将自己所掌握的知识加以转化，让学生容易理解并能有效吸收。就课程思政而言，教师需要对课程思政的定位、作用等有较为清晰的认识，同时对课程思政的内容具备一定的转化准备和转化能力。在对课程思政的认知上，一方面，课程思政不是孤立存在的，其实施难点在于将区域、学校、课程特色与思政内容有效对接、融会贯通，因地制宜、因校制宜、因课制宜地增强课程思政的吸引度、感召力。在课程思政建设实践中，部分教师由于理论学习深入性不足，理论与实际联系的紧密度不够，有效挖掘课程所蕴含的思政元素与资源的能力欠缺，从而难以实现"寓思政于课程"。[①] 另一方面，教师只有在思想层面对课程思政的育人作用及意义有切实的认知，才会在教学实践中将课程思政付诸行动，推动课程思政取得效果。据此，本研究提出如下假设。

假设 5：高校教师对课程思政的认知水平影响课程思政对学生的吸引度；教师对课程思政的认知水平越高，课程思政对学生的吸引度越高。

对课程思政的教学转化实质是一种转化的教学智能，意味着教师要以课程理念、目标为依据，对教学内容和过程进行系统完备的思考，把知识有效地转化成教学任务，进而转化成学生的实际获得。[②] 这种转化强调学生立场，突出学生对知识的理解[③]，具体体现在转化准备和转化能力两个方面。

---

① 巩茹敏，林铁松. 课程思政：隐性思想政治教育的新形态 [J]. 教学与研究，2019 (6)：45—51.

② Lee Shulman. Knowledge and Teaching: Foundations of the Reform [J]. Harvard Educational Review, 1987, 57 (1)：1—23.

③ 李伟胜. 学科教学知识（PCK）的核心因素及其对教师教育的启示 [J]. 教师教育研究，2009，21 (2)：33—38.

转化准备主要体现在教学设计中，具体表现为对教学目标，教学内容，学生认知水平、风格、个性差异等的把握，对教学措施、教学策略的选择，以及对教学过程的事先设计和预演。① 转化能力主要体现在课堂教学中，具体表现为对知识的呈现，对课堂的调控，对学生课堂反馈的指导、评价，对生成问题的应对，以及对师生关系的处理等。② 课程思政的实现需要满足三个条件：一是教师有意识地将教育意图隐蔽地贯穿于课堂；二是运用多种教育方法、手段、载体，创造适宜的情景和氛围；三是学生在无意识中接受课程思政教育并达到教育目的。③ 这三个条件强调了教师对课程思政教学的转化准备和转化能力的重要性，强调通过恰当的方式有意识地浸润而非生硬灌输，让学生在接受动力上更符合自身的心理需要。④ 在实践中，部分教师由于缺乏"思政育人"的意识和技巧，没有很好地将思政内容恰当地融入教学中，从而对思政育人的潜力释放不够充分。⑤ 据此，本研究提出如下假设。

假设6：高校教师对课程思政内容的转化准备影响课程思政对学生的吸引度；转化准备越充分，吸引度越高。

假设7：高校教师对课程思政内容的转化能力影响课程思政对学生的吸引度；转化能力越强，吸引度越高。

---

① 朱连云. 小学数学新手和专家教师PCK比较的个案研究——青浦实验的新世纪行动之四[J]. 上海教育科研，2007（10）：47–50.
② 朱连云. 小学数学新手和专家教师PCK比较的个案研究——青浦实验的新世纪行动之四[J]. 上海教育科研，2007（10）：47–50.
③ 巩茹敏，林铁松. 课程思政：隐性思想政治教育的新形态[J]. 教学与研究，2019（6）：45–51.
④ 巩茹敏，林铁松. 课程思政：隐性思想政治教育的新形态[J]. 教学与研究，2019（6）：45–51.
⑤ 巩茹敏，林铁松. 课程思政：隐性思想政治教育的新形态[J]. 教学与研究，2019（6）：45–51.

关于师生互动在教学中的重要作用,已在学术界形成共识。①② 师生之间高频次、高质量的互动既是教育教学的关键环节,也是保证教育质量、塑造教育影响的基本路径。师生互动更容易促使学生集中精力,从而提升教学效果。③ 在智慧教室环境的实证研究中发现,通过支持教师引导学生开展小组研讨、合作学习、教师点评、同伴互评等多种教学方式,增加师生互动交流机会,可以对学生行为、认知和情感投入产生显著影响。④ 据此,本研究提出如下假设。

假设8:师生互动影响课程思政对学生的吸引度;互动越有效,吸引度越高。

三、数据、变量和方法

(一)数据来源

本研究的数据来自课题组2022年2—3月组织的问卷调查,调查对象为我国西部某省的在校大学生,调查的内容包括课程思政对学生的吸引度、可能与课程思政吸引度相关的一系列影响因素,以及被调查者的人口统计学特征等基本信息。调查使用电子问卷,被调查者在知情同意的前提下,采取在线、匿名的方式作答,隐私得到了很好的保护,同时保障了数据的真实性。在调查中,共获得326份有效样本,基本情况见表1。

---

① 罗燕,史静寰,涂冬波. 清华大学本科教育学情调查报告2009 [J]. 清华大学教育研究,2009 (5):1-13.
② 过勇. 本科教育的组织模式:哈佛大学的启示 [J]. 高等教育研究,2016,37 (1):64-73.
③ 李腾子,蒋凯. 通过加强师生互动提升高校教学效果 [J]. 中国高等教育,2020 (10):46-48.
④ 张屹,郝琪,陈蓓蕾,等. 智慧教室环境下大学生课堂学习投入度及影响因素研究——以"教育技术学研究方法课"为例 [J]. 中国电化教育,2019 (1):106-115.

表1 有效样本的基本情况

分类依据	类别	样本量	百分比（%）
性别	男	96	29.45
	女	230	70.55
年级	大一	17	5.21
	大二	72	22.09
	大三	182	55.83
	大四	42	12.88
	大四以上	13	3.99
学科	文科	245	75.15
	理科	81	24.85

（二）变量

1. 被解释变量

本研究的被解释变量是课程思政对高校学生的吸引度。采用李克特量表（Likert Scale）从1到5对课程思政的吸引度进行评价，分值越大表示课程思政对被调查者的吸引度越高。

2. 解释变量

（1）情感态度。本研究使用了一个课程思政情感态度量表，来度量学生对课程思政的情感态度。该量表包含9个题项，分别从对国家政策和制度的了解程度、民族自豪感与自信心、民族文化认同度、对党的情感强度、公众场合发言、参政议政积极性、政治制度信任度、政府部门信任度以及政府官员信任度等视角，考察学生对课程思政相关因素的情感态度。每个题项均采用李克特量表从1到5赋分，分值越大表示情感态度越积极。最终，学生对课程思政的情感态度得分是这9个题项得分的均值。

(2) 工具性认知。本研究从知识面拓展和思想政治教育作用两个维度，考察学生对课程思政的工具性认知。采用李克特量表从 1 到 5 对课程思政在知识面拓展和思想政治教育中所发挥的作用进行评分，分值越大表示课程思政对这两者的作用越大。最终，工具性认知的得分是知识面拓展和思想政治教育两项得分的均值。

(3) 指令性规范。本研究将指令性规范界定为学生对老师和同学课程思政态度积极性的感知。采用李克特量表从 1 到 5 分别对被调查者对老师和同学课程思政态度积极性的感知进行评分，分值越大表示被调查者从老师和同学那里感知到的课程思政教学积极性越高。最终，指令性规范的得分是被调查者对老师和同学课程思政态度积极性感知得分的均值。

(4) 描述性规范。本研究将描述性规范界定为学生对周围同学课程思政内容学习认真度和学以致用的感知。采用李克特量表从 1 到 5 分别对被调查者对周围同学课程思政内容学习认真度和学以致用的感知进行评分，分值越大表示感知到的学习认真度越高，以及感知到的学以致用的可能性越大。最终，描述性规范的得分是被调查者对周围同学课程思政内容学习认真度和学以致用感知得分的均值。

(5) 教师认知。本研究采用被调查者对专业课教师对课程思政相关内容的认知水平的感知来表征教师的课程思政认知水平。采用李克特量表从 1 到 5 赋分，由低到高表示学生感知到的教师课程思政认知水平。

(6) 教师转化准备。本研究采用被调查者对教师课程思政备课认真度的感知来表征教师对课程思政教学的转化准备。采用李克特量表从 1 到 5 赋分，分别表示感知到的教师转化准备非常不充分、比较不充分、一般、比较充分和非常充分。

(7) 教师转化能力。本研究采用被调查者对教师将课程思政内容融入专业课的精巧度的感知来表征教师对课程思政教学的转化能力。采用李克特量表从 1 到 5 赋分，表示被调查者感知到教师在课程思政内容融入专业课设计上的精巧度由低到高，即转化能力由弱到强。

（8）师生互动。本研究采用被调查者对课程思政教学师生互动频率的感知来反映课程思政师生互动情况。采用李克特量表从 1 到 5 赋分，表示学生感知到的课程思政师生互动频率由低到高。

3. 控制变量

本研究控制了可能影响被解释变量——课程思政吸引度的其他因素，包括被调查者的性别（男＝1，女＝0）、年龄（周岁）、学段（共分 5 段，分别是大一、大二、大三、大四和大四以上）和学科（理科＝1，文科＝0）。

（三）分析策略

由于课程思政对高校学生的吸引度由离散有序数据表示，因此可以采用有序 Probit 模型对课程思政吸引度进行回归，找出显著影响因素。有序 Probit 模型的形式如下[①]：

$$Attractiveness^* = \alpha_0 + \beta_i x_i + \gamma Z + \varepsilon \qquad ①$$

①式中，$Attractiveness^*$ 代表本文的被解释变量，即课程思政对高校学生的吸引度；α_0 是截距项；x_i 代表一系列可能影响课程思政对高校学生吸引度的解释变量；Z 代表控制变量；β_i 和 γ 是待估参数；ε 是误差项。

在①式中，$Attractiveness^*$ 不能直接被观察。但 $Attractiveness$ 可以直接被观察。$Attractiveness$ 的赋值规则如下：

---

① 陈强. 高级计量经济学及 Stata 应用 [M]. 2 版. 北京：高等教育出版社，2014：209.

$$Attractiveness = \begin{cases} =1, & Attractiveness^* \leqslant 1 \\ =2, & 1 < Attractiveness^* \leqslant \mu_1 \\ =3, & \mu_1 < Attractiveness^* \leqslant \mu_2 \\ \cdots\cdots \\ =J, & Attractiveness^* > \mu_{J-1} \end{cases} \quad ②$$

②式中，$\mu_1 < \mu_2 < \cdots < \mu_{J-1}$ 是待估参数。

四、结果分析

（一）变量的描述性统计分析

变量的描述性统计分析结果见表 2。被解释变量课程思政吸引度均值为 3.43，介于"一般"和"比较有吸引力"之间。由此可见，课程思政对高校学生的吸引度并不高，还存在提升空间。情感态度、工具性认知、指令性规范、描述性规范、教师认知、教师转化准备、教师转化能力、师生互动等变量的均值分别为 3.75、3.66、3.69、3.16、4.14、4.01、3.70、3.74。其中，教师认知和教师转化准备的均值较高，在 4 分以上，表明被调查学生感知到的教师课程思政认知水平较高，转化准备较充分。性别的均值为 0.29，表明男生占 29%；学科的均值为 0.24，表明理科学生的占比为 24%。

表 2　变量的描述性统计结果

变量	均值	标准差	最小值	最大值
课程思政吸引度	3.43	1.13	1	5
情感态度	3.75	0.56	1.71	5
工具性认知	3.66	0.93	1	5
指令性规范	3.69	0.82	1	5
描述性规范	3.16	1.04	1	5

续表

变量	均值	标准差	最小值	最大值
教师认知	4.14	0.79	1	5
教师转化准备	4.01	0.86	1	5
教师转化能力	3.70	0.97	1	5
师生互动	3.74	0.98	1	5
性别	0.29	0.46	0	1
年龄	20.72	1.07	18	25
学段	2.88	0.84	1	5
学科	0.24	0.43	0	1

（二）变量的多重共线性检验

在利用回归分析确定课程思政吸引度显著影响因素之前，对自变量进行了多重共线性检验。检验结果显示，平均的方差膨胀因子（Variance Inflation Factor，VIF）值为3.05，小于临界值10，表明各自变量之间不存在严重的多重共线性，可以进行进一步的回归分析。[①]

（三）回归分析

课程思政吸引度的影响因素回归结果见表3。从表3中的模型三可以看出，学生对课程思政的情感态度、工具性认知、指令性规范、描述性规范，以及师生互动等因素显著影响课程思政对学生的吸引度。详细分析如下：

第一，从学生视角来看，情感态度显著影响课程思政吸引度（$p<0.01$）。这意味着课程思政虽然从大学本科开始，但其发端并不在大学，

---

① 限于篇幅，未列出详细的检验结果，感兴趣的读者可向作者索取。

而是在更靠前的小学、中学教育中。学生在进入大学之前，从小学开始所接受的思想品德、思想政治、民族文化等方面的教育会显著影响其情感态度，从而影响课程思政教学对其的吸引度。因此，课程思政应该更加深入地下沉到大学之前的教育中，坚持从娃娃抓起，努力产生潜移默化的深远教育影响。相对而言，进入大学之前，学生接受的思政教育相对单一，进入大学后，开始大规模接触多元思想。因此，大学前的思政教育可以为大学生的思想意识提供"稳定器"的功能，而大学期间的思政教育又可以巩固学生成长过程中已经接受的思政教育，从而形成一个渐进的良性循环系统。由此，假设1得到验证。

第二，工具性认知显著影响课程思政对学生的吸引度（$p<0.05$）。这表明，提升学生的课程思政工具性认知有利于提高课程思政对其的吸引度。工具性认知与一般意义上的实用性类似，要求提供对现实的、具体的现象或问题的看法或解决之道。因此，课程思政不能空泛而高蹈，必须与学生的日常学习、工作和生活息息相关，实现道与理、道与术的统一，让学生可以把课程思政的所学所得借鉴、迁移、运用到实践中，实现学以致用、知行合一。由此，假设2得到验证。

第三，指令性规范和描述性规范显著影响课程思政对学生的吸引度（前者$p<0.05$；后者$p<0.01$）。这表明，课程思政对高校学生的吸引度受到周围师生对课程思政的言语评价和具体行为的影响。由此，加强对师生课程思政价值重要性和工具实用性的宣传引导，提升师生群体对课程思政的思想认识和行为表现，对于提升课程思政对学生个体的吸引度具有促进作用。由此，假设3和4得到验证。

第四，教师认知、教师转化准备和教师转化能力三个变量均不对课程思政吸引度产生显著影响。在描述性统计中可以发现，这三个变量的均值都较高，意味着学生感知到的教师对课程思政教学的认知、教师课程思政教学转化准备和转化能力的同质性较高，已经不对课程思政吸引度产生统计学意义上的显著影响。由此,假设5、6和7在本研究中未能被证实。

第五,师生互动显著影响课程思政对高校学生的吸引度($p<0.01$)。已有研究指出,师生互动对学生的学习效果存在显著影响。[1] 在课程思政教学过程中,师生互动有利于提高学生的课堂参与度,激励学生将注意力集中于教学内容上,增加情感投入,加深对课程思政内容的认知和理解。由此,假设8得到验证。

最后,在学生的人口统计学特征中,除性别外,年龄、学段和学科均不对课程思政吸引度产生显著影响。综合前面分析可见,课程思政吸引度的显著影响因素集中在学生对课程思政的情感态度、工具性认知、指令性规范、描述性规范,以及师生互动状况等方面,与学生的人口统计学特征关系不大。就性别而言,与女生相比,在控制了其他因素之后,课程思政对男生的吸引度更高($p<0.05$)。因此,对课程思政吸引度的教学观照应更多集中在女生。

表3 课程思政吸引度的影响因素回归结果

变量	模型一	模型二	模型三
情感态度	0.690*** (0.170)	0.654*** (0.171)	0.683*** (0.169)
工具性认知	0.320** (0.129)	0.293** (0.129)	0.284** (0.131)
指令性规范	0.438*** (0.145)	0.360** (0.157)	0.317** (0.161)
描述性规范	0.494*** (0.107)	0.432*** (0.113)	0.422*** (0.114)
教师认知		0.020 (0.114)	−0.057 (0.112)

---

[1] 张静华. 本科课堂教学中的师生互动:现状及其效果 [J]. 教育发展研究,2019,39(23):10-17.

续表

变量	模型一	模型二	模型三
教师转化准备		−0.011 (0.111)	−0.083 (0.116)
教师转化能力		0.261** (0.106)	0.177 (0.110)
师生互动			0.288*** (0.108)
性别	0.350** (0.156)	0.367** (0.155)	0.361** (0.157)
年龄	0.045 (0.078)	0.067 (0.077)	0.080 (0.077)
大二	−0.106 (0.332)	−0.097 (0.341)	−0.089 (0.339)
大三	−0.465 (0.343)	−0.427 (0.353)	−0.402 (0.348)
大四	−0.457 (0.408)	−0.359 (0.418)	−0.313 (0.418)
大四以上	−0.646 (0.535)	−0.569 (0.524)	−0.573 (0.516)
学科	−0.222 (0.155)	−0.211 (0.152)	−0.177 (0.155)
Pseudo R^2	0.31	0.32	0.32
观察值	326	326	326

注：括号中为标准误；***代表 $p<0.01$，**代表 $p<0.05$。

五、研究结论、建议与展望

通过对326位高校学生的问卷调查，本研究考察了课程思政对高校学生的吸引度，并从学生、教师和师生互动的视角分析了影响因素。研究结果显示，现阶段课程思政对高校学生的平均吸引度尚不高，仍有进一步提升的空间；学生自身对课程思政的情感态度和工具性认知，感知的指令性规范和描述性规范,以及师生互动情况是影响课程思政对高校学生吸引度的主要因素。课程思政的实质是将大学生思想引领工作融入日常教学活动中,在潜移默化中实现立德树人的目标。提升课程思政对学生的吸引度是一门需要遵循思政教育规律、专业学科规律、教师与学生群体行为规律的学问。根据本研究的结果,现提出提升课程思政对高校学生吸引度的对策建议:

第一,课堂内外协同联动,强化学生对课程思政的情感态度。一方面,在课堂内,教师需用生动真实的思政案例,唤起学生对与课程思政紧密相关的体制、价值、人物和事迹的情感认同;另一方面,在课堂外,通过举办各类实践活动,组织学生深入接触各级各类思政素材,通过亲历者、见证者、传承者的回顾与讲解,让学生融情于景,触景生情,实现情景交融,从而自发地强化对课程思政素材的情感态度。当然,强化学生对课程思政的情感态度并非一朝一夕之事,需要久久为功。

第二,强化学生对课程思政的工具性认知,激发自主学习动机,创设良好学习氛围。课程思政的工具性不仅体现为涵养品格,也体现为指导实践。首先,避免课程思政内容滞后性。教师应将课程思政内容与当下情景自然融合,避免照本宣科,提高课程思政内容的现实适切性,增强学生对课程思政有用性的心理预期。其次,避免课程思政内容同质化、空泛化。应大力挖掘课程思政资源,建立具有学校、地域等特色的课程思政案例库,使课程思政内容落实落地且与学生日常学习、工作和生活紧密相关,从而激发学生学习兴趣,提升课程思政亲和力。最后,突出学生主体性,通过正向激励使课程思政效果显性化,让学生切实感到学有所用。例如,通过课程思政知识竞赛、课程思政实践先进评选等方式给予学生物质和精神激励。

第三,疏引结合,强化学生对课程思政的指令性规范感知。强化学生对老师和同学课程思政态度积极性的感知,关键在于疏引结合。一方面,通过构建对话机制，赋予学生共建课堂的话语权。为学生提供关于课程思政建设的交流机会与交流平台，通过思维交互和观点碰撞使学生参与到课程思政建设的集体决策中，凸显师生共建课程思政的教学理念，以及学校、教师对课程思政的重视，也促使部分学生有渠道、有意愿发挥对课程思政建设和学习的积极性，从而辐射影响更多学生。另一方面，应加大宣传力度，对课程思政学习进行有效引导。例如，通过官方网站，微信、微博公众号等途径发布课程思政相关信息，提高学生对课程思政重要性的认识，使学生真正认识到课程思政立德树人的价值与意义，以此创造良好的思想基础与参与氛围。

第四，朋辈激励，提升学生对课程思政的描述性规范感知。首先，在学生群体中挖掘榜样，从历史事件中挖掘同龄人事例，对其典型事迹进行宣传，鼓励学生学习其优秀精神品质，为学生以课程思政内容指导实践提供参考。其次，赋予描述性规范评价属性，将课程思政内容有机融入教师及学生评价体系中，并建立相应的激励机制，使评价体系与教师及学生行为形成互动，从而使学生之间形成相互镜鉴、你追我赶的良好学习风气。

第五，优化课堂互动机制，实现师生互促共进。目前，在课程思政的教学实践中存在着互动模式单一、互动形式过时等问题。优化课堂互动机制，一方面有利于提升课程思政对学生的吸引度，另一方面有利于教师与学生在互动中进行双向学习。应从互动环境及方式、互动行为两方面进行优化。首先，应采用网络技术创设多种互动环境与互动方式，将思政内容自然融入课堂知识讲授、问答等教学活动中，增进师生、同伴之间的互动联结，提升学生的参与感以及对知识运用的信心。其次，提高互动频次，由浅入深地引导和鼓励学生积极思考，并通过及时的教师点评、干预以及同伴互评提高互动有效性。

本研究的不足之处主要体现在两个方面。首先，本研究使用的数据主要从学生端收集，且为主观数据，对研究结果的客观性造成了一定程度的冲击，未来的研究可以从教师、教学行政管理者等多主体处收集更加具有客观性的数据，提高研究结果的科学性和可信度。其次，本研究主要探索了影响课程思政对学生吸引度的主要因素，但对其中的影响机理和发生机制的分析依然不足，未来的研究可以借助因果识别工具和机制分析方法进一步拓展，以期为相关研究者和课程思政教学管理与决策者提供更加详细而具有针对性的研究参考和决策参考。

学校家庭社会协同引导大学生应对学业压力的路径探究[*]

陈启胜　付铃杰

（四川大学商学院）

摘　要：党的二十大将"健全学校家庭社会育人机制"写入党的政治报告，凸显了新时代下学校家庭社会协同育人的重要性、必要性和紧迫性。当前国内外环境复杂多变，大学生群体在学业压力方面呈现出一系列新特征和新问题，对高校思想政治教育和人才培养提出新挑战。本文基于学校家庭社会协同育人的背景和要求，分析当代高校学生的学业压力特点，提出通过强化学校家庭社会协同育人机制引导大学生合理应对学业压力的方法路径。

关键词：学校家庭社会协同育人；大学生；学业压力

一、学校家庭社会协同育人机制的提出背景

党的二十大报告明确指出，"要深化教育领域综合改革，加强教材建

---

[*] 本文系四川大学党的二十大精神"三进"教育改革项目"高校家庭社会协同推动党的二十大精神'三进'路径研究"及四川大学青年研究课题"新时代下学校家庭社会育人机制融入青年大学生成长教育途径研究"的阶段性成果。

设和管理，完善学校管理和教育评价体系，健全学校家庭社会育人机制"，同时也指出要"提高全社会文明程度，实施公民道德建设工程，弘扬中华传统美德，加强家庭家教家风建设"。[①] 党的二十大将"健全学校家庭社会育人机制"和"加强家庭家教家风建设"明确写入党的政治报告，一个"健全"、一个"加强"，体现了党对新时代教育规律的深刻认识，对中华民族优秀教育传统的高度重视，进一步确立了家庭教育、社会教育在我国教育体系中的重要地位，凸显了新时代下学校家庭社会协同育人的重要性、必要性和紧迫性。2023年1月，教育部等十三个部门联合印发《关于健全学校家庭社会协同育人机制的意见》，明确了学校家庭社会在协同育人中的各自职责定位及相互协调机制，指出要将构建学校家庭社会协同育人机制作为重大政治任务，要强化专业支撑，推动开展协同育人理论与实践研究，加强理论建设与专业人才培养，到2035年，要形成定位清晰、机制健全、联动紧密、科学高效的学校家庭社会协同育人机制。高等教育是我国教育的重要组成部分，高校承担着立德树人的神圣使命。在高校开展思想政治教育和人才培养过程中，如何健全学校家庭社会协同育人机制，充分发挥学校家庭社会协同育人作用，是新时代下高校面临的新挑战和迫切需要解决的问题，对于提升高校思想政治工作和人才培养质量意义重大。[②]

近年来，国内高校教育教学模式发生了加速转变，主要体现在以下几个方面：高校教育资源从分割向共享转变，学生学习从线性向非线性转变，课程改革从结构化向非结构化转变，教育技术从辅助手段向与教学深

[①] 习近平. 高举中国特色社会主义伟大旗帜 为全面建设社会主义现代化国家而团结奋斗——在中国共产党第二十次全国代表大会上的报告［J］.党的建设，2022（11）：6—20.
[②] 杨晓慧. 深刻把握建设高质量教育体系，实现教育强国目标的战略安排［J］.思想理论教育导刊，2021（1）：4—9.

度融合转变。① 以网络为主体的教学与传统教学在教学特点与难点上有着极大的不同——学习场景突破时空限制，教学资源突破时空限制，教育辅助技术深度融入教学，教学技术平台多样且不稳定，教学实施条件受到限制，教学反馈不确定性增强，教学评价体系不完善。大学生群体的上课方式、师生互动、社交活动、运动规律、生活方式和心理健康等都呈现出新的特点。以网络为主体的教学方式和不确定性增强的教学安排，使得大学生群体在学习心态和学习效果等方面都受到一定影响。因此，如何及时调整学习状态，适应新形势，更好地应对学业压力成为大学生群体需要面对的重要问题，也受到学校、家庭和社会的高度关注。②

当下的大学生群体中多为独生子女，对家庭的依赖性较高，学生家长在子女成长过程中，对子女的学习、心理和性格等方面的关注和了解远胜于以往。新媒体、信息技术和"互联网＋"计划的快速发展，使家庭、学校和社会与学生之间的信息传播和沟通发生深刻的变化，增加了学校家庭社会协同育人的必要性和便捷性。③ 根据相关的调研和家校互动交流，笔者发现大学生家长对子女在学业、职业生涯、留学深造和求职就业等方面的发展更加关注，对大学生群体的学业规划和职业生涯发展规划会发挥更多的影响。

新形势下，高校教育教学模式发生了加速转变，学校、家庭和社会与学生之间的信息传播和互动沟通发生了重大变化，高校教育和人才培养体系也面临系统性的调整和改革，既需要高校内部强化"三全育人"体系的建设和实施，也需要充分发挥学校与家庭、社会之间的协同作用，健全学

---

① 薛成龙，郭瀛霞. 高校线上教学改革转向及应对策略［J］. 华东师范大学学报（教育科学版），2020（7）：65-74.
② 马骏骎，熊登秀. 后疫情时代学校家庭社会协同育人的高质量发展路向［J］. 江苏教育研究，2021（31）：3-6.
③ 曹松林，周筠，陈慧. 疫情常态化背景下大学生心理防疫机制研究［J］. 当代教育论坛，2022（5）：59-67.

校家庭社会协同育人机制。[①] 本文着眼于大学生面临的学业压力，探究通过健全学校家庭社会协同价值，引导大学生正确面对学业压力的路径。通过相关理论分析与实践，探索新环境、新技术背景下学校、家庭、社会协同育人的新模式，深入落实党的二十大报告中提出的"健全学校家庭社会育人机制"理念和要求；同时通过建立相对畅通的学校家庭社会协同育人系统，切实提高党的二十大精神"三进"实效。

二、高校大学生学业压力现状分析

在校学生群体对未来感到迷茫和焦虑的现象较普遍。近年来，受到国际国内局势变化和产业结构调整等因素影响，学生的学业和职业生涯发展规划发生明显变化。一方面，新的就业形势下大学生的学习方式和职业选择倾向都出现显著变化，学生留学和高质量就业受到影响，导致学生间"内卷"现象越来越严重，更加关注考试成绩和短期利益，缺乏长远规划和持久坚持。另一方面，受远程学习等因素影响，学生参加社会实践的机会减少，导致部分学生规划和探索能力减弱，无法根据自身的优势和特点等制订适合自身发展的学业和职业生涯发展规划。2022 年 3 月，四川大学商学院对在校本科生的学业压力情况进行了调研，共收回有效问卷 755 份。调查结果显示，在校本科生中学习目标不明确的学生占 21.88%；围绕学习目标，制订了较为详尽的学习计划的学生占 51.86%，没有制订详细学习计划的学生占 48.14%。因此，在"两个大局"背景下，大学生学业发展和职业生涯规划指导需要与时俱进地改革和提升。新的就业形势下，总体来讲，大学生学业压力呈现增大趋势。大学生学业压力主要包括

---

① 张睿. 协同论视域下高校"三全育人"实施的机理与路径 [J]. 思想理论教育，2020 (1)：101－106.

学习前景压力、家庭期望压力、学习成效压力和人际交往压力等。[①]

（一）学习前景压力

大学生学习前景压力的主要来源是本科毕业后能否顺利升学，或者毕业后能否找到满意的工作，适应来自社会的压力。调研发现，当下在校本科生群体中，希望继续升学读研究生的比例越来越高，升学竞争的加剧使得在校大学生面临的学业压力明显增加。本科生升学读研究生主要包括留学深造、获得推免和参加统考等途径。然而，由于国内外环境变化导致的出国出境管制，部分留学深造通道受阻，留学生人数骤然下降。这加剧了国内高校推免研究生和统考研究生竞争的激烈程度。在与商学院部分低年级学生及其家长的交流过程中，笔者发现不少学生和家长都抱着这样的想法：争取获得推免研究生资格，不然就要参加全国统一考试。在推免研究生录取比例相对稳定的情况下，竞争越来越激烈。而报名考研的人数近年来更是不断刷新历史最高记录，甚至出现了考研"高考化"的趋势。

大学生学习前景压力的另一来源是大学生高质量就业竞争的加剧。自高校扩招以来，大学生人数不断增加，就业压力也越来越大。现在的大学生主要是"00 后"青年，其家庭经济条件都普遍得到改善，从小没吃过什么苦。他们中的不少人没有做好到基层工作的准备，毕业后不愿意去基层积累工作经验，而是抱着"没有理想的工作宁愿不就业"的心理。因此，"慢就业"现象的凸显成了当前高校毕业生中存在的新挑战和新问题。

（二）家庭期望压力

中国的传统教育理念有着"望子成龙，望女成凤"的期许。随着时代

[①] 陈雪飞. 疫情防控背景下大学生学业压力特点调查研究[J]. 曲靖师范学院学报，2021，40（1）：30−35.

的发展，社会对人才素质提出了更高的要求，父母也更加重视对孩子的培养和教育。当下在校大学生群体中，多数是独生子女，从他们上幼儿园起，家庭就在教育上投入了很多资源，寄予了较高期望。进入大学后，多数孩子虽然离开家庭在高校内学习，但是在经济上未能独立，在升学和就业等方面都需要充分参考父母的意见。因此，大学生在学习过程中易受父母影响，如果被寄予过高的期望，部分学生会长期处于高压状态。

（三）学习成效压力

学习成效压力是指来自学习效果、学习方法适用性、学习时间和学习效率的压力。在远程学习阶段，突然采用的网络教学方法，让大学生不得不调整原有的学习方式和方法。有的大学生说他们很难跟上教师的上课节奏；有的大学生认为，线上学习是在缺乏教师监督的情况下进行的，对他们的自我控制和自主学习能力有更高的要求；还有的大学生认为线上学习不如线下课堂教学有效，难以适应线上学习带来的许多问题，给学生带来很大压力。

（四）人际交往压力

通常认为，高校大学生广泛的人际交往有助于自身的发展。一方面，在大学期间，许多学生通过参加志愿活动和加入学生社团等方式来拓宽视野，扩大社交范围。但根据与在校大学生的交流，笔者发现一部分大学生无法平衡人际交往和学习的时间，特别是在低年级阶段，由于将大量时间投入社交活动，在学业上投入不够，导致学习成绩急剧下滑。另一方面，有的大学生性格内向，容易紧张，他们虽然想交朋友，但很难迈出第一步。他们总是一个人，不善于与同学相处，也缺乏教师针对性的指导和支持，心理上很孤独，导致学习停滞。此外，还有一些大学生由于在成长过程中受到过度关心，以自我为中心的意识比较强烈，他们渴望受到关注和宣扬自我，在处理人际关系上也遇到困扰，这些都会影响其学业发展。

三、具体解决措施

（一）家校联动，提供支持

家庭和学校在教育方面各具优势，学校教育更加系统和专业，而家庭教育却更能因材施教。只有加强学校家庭社会之间的交流，充分调动学校家庭社会多方资源，方可促进大学生的全面健康成长。

作为专业教育组织，学校需要发挥专业优势，引导家庭参与学校家庭社会协同。辅导员和班主任可以通过线上交流会的方式，与家长沟通。一方面，教师要向家长介绍和宣传大学期间学生的学业发展和职业发展特点，可以通过入学前联络新生、家长座谈会、致家长的信以及日常联系家长等形式，引导家长正确认识和积极配合学校的相关工作。家长应积极支持学校的教学安排和日常管理，对于学生学习方面出现的问题和困难，可以主动与教师联系，协助解决学生的学业问题。另一方面，大学生的升学和就业等决策受到家庭的重要影响，家长需要就学生学业发展和生涯规划与高校加强沟通，为学生发展提供更好的指导和支持。

（二）师生沟通，提供保障

线上学习效率不高的最大原因就是缺少学习的氛围和教师的监督管理，由于大多数学生自主学习能力较差，自我控制能力不强，导致线上学习的效果大打折扣。因此，教师有必要在教学过程中教给学生一些自主学习和时间管理的方法。已有研究表明，有效的时间管理是缓解学业压力的有效途径。对于部分学生，还可以采取学习打卡等方式来加以督促，帮助学生养成良好的自主学习习惯。另外，教师还应通过课堂教学及时了解学生的学习和思想状态，根据学生的学习能力和学习情况调整教学内容和方法。在教学过程中，如果教师发现学生存在学习方面的心理负担，应积极做好心理辅导和反馈转介工作。

大学生产生的焦虑或抑郁等心理问题，可以通过开展团体辅导、个别谈心等活动，变创伤为契机，重点实施对恐惧、焦虑、抑郁、人际疏离等创伤的心理干预，帮助学生重整内心秩序，提升自我价值感、人格独立性以及安全感。要引导他们正确地看待类似事件，提高对突发事件、创伤事件的心理承受能力，增强独立分析思考能力，正确认识网络舆论，以积极的态度对待世界和生活。同时，应为大学生提供朋辈辅导。大学生大都年龄相仿，基本相同的生活经历使他们面对着基本相同的人生问题。同学之间相互交流有利于建立起良好的人际关系，缓解学业压力。

（三）校社协作，提供平台

为了让大学生更好地适应未来的社会生活，学校可以鼓励大学生尝试自主创业，响应国家大学生自主创业的政策号召。高校可以同社会中某些企业建立合作，举办一些企业营销策划、企业经营管理等创新比赛，让大学生有参与创业训练和接触实际工作的机会。提前接触和感知企业和社会能够有效地消除大学生对未来就业的恐惧，也对其今后的职业生涯有着极大帮助。

社会相关部门要主动与学校和家庭联系起来，在职责范围内完成相应工作。辅导员和班主任老师要及时和同学们讲解大学生就业形势和国家就业政策，积极细致地为学生提供就业指导和周到服务，帮助学生树立正确的就业观，给予学生就业渠道信息。学校要积极访企拓岗，努力联系有一定规模、有良好发展势头的优质企业来到校园中举办招聘会、宣讲会。如此一来，企业提供优质可靠的就业信息和岗位，确保毕业生顺利就业，应届生可以了解到心仪企业的面试信息和能力要求，更好地对未来职业生涯进行规划。

落实党的二十大精神"三进"提升人才培养质量*

白 伟 丁宇飞 王苏宁

（四川大学教务处）

摘 要：本文探讨了党的二十大精神"三进"教学改革与管理的重要性和意义，并针对"进教材""进课堂"提出了一些具体的措施和建议，以此来实现最终的"进头脑"，旨在通过这些教学改革与管理帮助学生理解和领悟党的二十大精神，了解国家的发展战略和方向，坚定理想信念，树立正确的人生观、价值观和世界观，全面提高学生的综合素质，将学生培养成堪当民族复兴大任的优秀人才。

关键词：教学改革；党的二十大精神；"三进"；学生培养

一、引言

党的二十大强调"教育、科技、人才是全面建设社会主义现代化国家的基础性、战略性支撑"，提出要深入实施科教兴国战略、人才强国战略、

---

* 本文系 2023 年四川省高等教育人才培养和教学改革重大项目（JG2023-9）阶段性成果。

创新驱动发展战略，因此大力发展教育事业，推进素质教育，全面提高人民的文化素质和科技素质，是建设创新型国家和为人民谋幸福必不可少的一环。党的二十大报告强调要提高教育教学质量，推进教育公平，加强教育管理，建设高质量教育体系。而党的二十大精神"进教材、进课堂、进头脑"对进一步深化教育教学改革、推进教育现代化、培养适应社会主义现代化建设需要的高素质人才具有重要的价值。本文将围绕如何在教育改革与管理中实现党的二十大精神"三进"进行探讨。

二、党的二十大精神"三进"的重要意义

党的二十大是在全党全国各族人民迈上全面建设社会主义现代化国家新征程、向第二个百年奋斗目标进军的关键时刻召开的一次十分重要的大会①，对政治、经济、文化、教育以及党的建设等方面做出重大部署。它的重要意义在于能够指导党的全局，发挥党的领导核心作用，并且能够加强党的统一战线，使党的建设更加团结、更加有力。

党的二十大总结了过去5年以习近平同志为核心的党中央团结带领全国各族人民在中国特色社会主义建设方面取得的重大成就和宝贵经验，深入分析了国内形势和国际局面，制定了我们党的行动纲领和大政方针，统筹推进我国未来的战略布局。全党全国要坚持和加强党的全面领导，坚持中国特色社会主义道路，坚持以人民为中心的发展思想，坚持深化改革开放，坚持发扬斗争精神，埋头苦干、担当作为，完成全面建成社会主义现代化强国的总体战略目标。会议指出，高等教育是培养创新型人才、推动科技进步和经济社会发展的重要力量，要加强高等教育的改革和发展。②

---

① 孙业礼.中国共产党第二十次全国代表大会新闻发布会[EB/OL].(2022-10-15)[2023-01-05]. http://www.scio.gov.cn/xwfb/gwyxwbgsxwfbh/wqfbh_2284/2022n_2285/49215/wz49217/202211/t20221111_619127.html.

② 习近平.高举中国特色社会主义伟大旗帜 为全面建设社会主义现代化国家而团结奋斗[M].北京：人民出版社，2022.

高校一直以来都承担着立德树人的根本任务，更要将党的二十大精神传递给每一位社会主义事业接班人。深入推进党的二十大精神"进教材、进课堂、进头脑"正是大学生树立正确世界观、国家观、人生观，践行社会主义核心价值观必不可少的一环，借助这一环节，可以真正培养出一批能够实现中华民族伟大复兴、实现中国式现代化的优秀人才。

三、党的二十大精神"三进"的落实环节

（一）进教材

党的二十大以"高举中国特色社会主义伟大旗帜，全面贯彻新时代中国特色社会主义思想，弘扬伟大建党精神，自信自强、守正创新，踔厉奋发、勇毅前行，为全面建设社会主义现代化国家、全面推进中华民族伟大复兴而团结奋斗"为主题①，对于教材编写具有重要的启示和指导意义。教材编写应当以党的二十大精神为指导原则，坚持以人民为中心的思想，以提高教育质量和推行素质教育为目标，倡导创新精神和实践能力，努力实现教育现代化。

在教材编写方面，应注重贯彻落实党的教育方针，以科学的教育理念为指导，注重品德塑造、能力培养、知识传授、文化传承等方面的内容，兼顾学科特点和学生需求，编写符合时代要求和发展需要的教材，以确保学生在获取知识的同时，得到全面的发展和成长。同时，要加强教材质量监控和评估，从教材内容、教材结构、教材语言、教材形式等方面进行全面评估，发现问题并及时进行调整和改进。此外，教材要具备科学性、实用性和适应性，符合学科发展规律，支撑最新研究成果，满足学生学习和实践的需求，紧跟时代的发展和社会的需求。

---

① 习近平. 高举中国特色社会主义伟大旗帜 为全面建设社会主义现代化国家而团结奋斗 [M]. 北京：人民出版社，2022.

在理念方面，教材编写要注重培养学生的创新精神和实践能力，引导学生积极参与社会实践，锻炼解决实际问题的能力，让学生在实践中将所学知识应用到实际生活中，这是教育改革和发展的重要方向。同时要紧扣时代发展脉搏，注重培养国际化视野，引导学生了解国际前沿知识和技术，提高学生的跨文化交流和竞争能力，让学生具备更强的国际竞争力，适应社会的发展和变化。

总之，党的二十大精神是推动教材编写的重要指导思想，只有将其贯彻落实到教材编写中，才能够实现教育的现代化和可持续发展，更好地满足学生和社会的需求。教材编写要符合实际，注重创新和实践，不断提高教育质量，为培养德智体美劳全面发展的社会主义建设者和接班人做出积极贡献。

（二）进课堂

课堂是学生获取知识和技能的重要阵地，将党的二十大精神融入课堂教学中，可以引导学生在学习中积极探索、勇于创新，增强学生的创新能力和实践能力，促进学生全面发展，培养学生的综合素质。学生也可以借此更加深入地了解党的重要决策和指示，了解国家的发展战略和政策，增强国家意识、社会责任感、爱国主义情感，树立正确的政治方向，践行社会主义核心价值观，成为社会主义现代化的合格建设者。教师作为课堂教学的主体，需要充分发挥自身的教育引导作用，让学生更好地理解和领会党的二十大精神。

教师应以党的二十大精神为宏观指导，从党的二十大报告中提炼出与课程相关的关键词和重点内容，通过课堂讲解、教学案例、生动的图表等形式，让学生更加深入地了解党的二十大精神的基本内容和核心价值。

在具体的学科教学中，可以结合党的二十大精神，引导学生思考学科内容的实际意义和社会价值，培养学生理论联系实际的能力，提高学生的综合素质。例如，教师可以结合党的二十大精神中有关文化建设、文化自信等方面的内容，引导学生思考文学艺术对于文化建设和精神文明建设的重要作用，探讨文学作品中所反映的社会现实问题，以及如何通过文学艺术来传递正能量，提高文化自信；结合党的二十大精神中有关创新驱动发展的内容，引导学生思考如何运用科学知识解决实际问题，提高创新能力；结合党的二十大精神中有关生态文明建设的内容，引导学生思考如何保护生态环境，为可持续发展贡献力量。

教师还可以通过课堂讨论和互动等方式，鼓励学生积极参与党的二十大精神的研究和探讨。在课堂上，教师可以引导学生针对党的二十大精神中的重要概念、核心价值观等展开讨论和交流，引导学生深入思考，提高学生的思辨和创新能力，引导学生成为具有全球视野和国际胸怀的新时代优秀人才。例如，在探讨"绿色发展"的主题时，教师可以引导学生思考如何通过绿色技术、绿色产业等来实现可持续发展，如何培养环保意识和节能减排的行动力等。通过讨论让学生更加深入地了解"绿水青山就是金山银山"的理念，激发学生的环保意识，增强学生的责任感和担当精神。

除课堂教学外，课外拓展和社会实践等方式也可以让学生深入了解党的二十大精神在生活和生产中的具体应用和实现。教师可以组织学生参加各种社会实践活动，如志愿服务、环保行动、科技创新等，让学生在实践中领悟和践行党的二十大精神；也可以通过课外拓展等方式，组织学生参加各种文化、科技、艺术活动，让学生了解党的二十大精神在各个领域作为指导思想的切实体现。通过这样的社会实践和拓展活动，不仅可以让学生认识到党的二十大精神在社会的方方面面都指导和影响着我们，同时也可以按照党的二十大精神培养学生的创新精神和实践能力，提高学生的综合素质。

（三）进头脑

党的二十大精神是党在新时代的宝贵精神财富，是指导全党全军全国各族人民实现中华民族伟大复兴的总纲领、总部署、总遵循。党的二十大精神"进教材、进课堂"的最终目的还是"进头脑"，将党的二十大精神融入头脑，对于提高个人理论水平，增强政治意识、责任感和担当精神，具有非常重要的意义。

党的二十大精神是当代中国特色社会主义理论体系的重要组成部分，也是指导我们工作和生活的重要准则。深入学习和领会党的二十大精神，不仅可以帮助学生更好地认识和掌握中国特色社会主义理论体系，了解国家的发展战略和方向，把握时代发展脉搏，也可以帮助学生理解和贯彻党的路线、方针、政策，坚定理想信念，树立正确的人生观、价值观和世界观，肩负起历史责任，培养和提升自身的领导力和组织能力，成为一名有理想、有信念、有胸怀、有担当的新时代优秀人才，对于国家和个人的发展都具有非常重要的现实意义和历史意义。因此，我们在高校教学改革与管理工作中一定要做好"进教材、进课堂"的前置工作，让党的二十大精神在学生的日常学习生活中自然而然地"进头脑"。

四、结语

党的二十大精神是指导我们工作和生活的重要准则，也是当代中国特色社会主义理论体系的重要组成部分。在教学中，让党的二十大精神进教材、进课堂、进头脑，是一项重要的教学改革。这种"三进"教学改革可以帮助学生更加深刻地理解和领会党的二十大精神，以及它在国家发展和个人成长中的重要意义。同时，这种改革还可以提高学生的思想觉悟和思想品德，培养学生的爱国情怀和社会责任感，增强学生的组织协调和领导能力，使他们成为有理想、有信念、有担当的堪当民族复兴大任的新时代优秀人才。

高质量内涵式发展的一流专业建设与管理

——以四川大学为例*

胡廉洁[1]　李　华[2]　刘　黎[1]　杨利琴[1]　丁宇飞[1]

（1. 四川大学教务处　2. 四川大学华西基础医学与法医学院）

摘　要：专业是人才培养的基本单元和基础平台，是建设一流本科、培养一流人才的"四梁八柱"，专业建设的水平和质量直接影响高校人才培养的质量。本文以专业内涵式发展为导向，分析了目前高校专业建设存在的问题，并以四川大学为例，探讨纵深推进专业内涵式建设与发展的改革举措，为兄弟院校一流专业管理与建设提供了改革思路。

关键词：专业建设；高质量内涵式发展；高校

人才是第一资源，党的二十大报告中指出，"坚持为党育人、为国育才，全面提高人才自主培养质量，着力造就拔尖创新人才，聚天下英才而用之"。这是以习近平同志为核心的党中央为实现第二个百年奋斗目标作出的重大战略部署，为高校人才培养指明了方向。培养一流人才，基础和

---

* 本文为教育部首批新文科研究与改革实践项目"培元·融合·弘通——新文科专业创新与内涵建设研究及实践"（2021040012）阶段性成果。

核心是一流本科。要办好一流本科，必须有一流专业做支撑。2018年，教育部印发《关于加快建设高水平本科教育 全面提高人才培养能力的意见》，提出将建设一万个国家级一流专业点和一万个省级一流专业点的主要任务。2019年，教育部发布《关于实施一流本科专业建设"双万计划"的通知》，标志着"双万计划"正式启动。各大高校深入贯彻落实"全面提高人才自主培养质量，着力造就拔尖创新人才"的要求，以高质量建设为目标，新时代内涵式发展为核心，坚持为党育人、为国育才，不断推进一流专业建设与发展。

一、厘清专业建设存在的问题

（一）专业设置过细过专

高等教育人才自主培养质量以及服务国家和区域经济社会发展能力的高低，主要体现在学科专业的结构和质量上。受计划经济时代的影响，因学科划分过细，部分高校专业设置求大求全，专业设置分散、重复或相近，数量偏多，部分专业口径相对狭小、部分专业老化，国家需要的战略新兴专业建设相对滞后；同时，增设专业较多、减少专业很难，部分专业减招易、停招难。

（二）专业建设重外延轻内涵

诸如ChatGPT的新型人工智能给教育带来巨大冲击，学生在未来获取知识的渠道更多，效率飞速提升，而传统的专业目标与课程设置不完全适应经济社会发展对人才的需求。专业教育侧重知识传授，教学内容陈旧、教学方法落后，对学生能力培养不足，学生知识面较为局限，思维方式较为单一，面向未来解决复杂问题的能力培养和跨学科思维的培养不够，不足以支撑学生全面发展的需求。

（三）专业发展不符合国家重大战略需求

以往的专业发展存在牢固的学科壁垒，教学资源按学科、学院分配，培养模式单一，未在不同学科之间建立更多的关联、交叉和贯通。学科优势和科研强势未能被充分利用，专业的优势、特色不明显，影响力不足，面向国家重大战略需求的专业设置和人才培养不足，培养的学生缺乏跨学科视野和创新精神，难以综合多学科知识解决复杂实际问题。

二、一流专业建设管理与改革举措

四川大学在教育部一流本科专业建设"双万计划"中，共获批 93 个国家级一流本科专业建设点，位居全国高校第一方阵，提供了综合性大学一流专业管理与建设的改革思路。

（一）深化供给侧改革，专业结构从"以量谋大"到"以质图强"

面向国家战略发展需求，高校应主动适应新一轮科技革命和产业变革，积极推进新工科、新医科、新农科、新文科建设，不断深化专业综合改革，优化专业结构，积极发展新兴专业，打造特色优势专业，撤销不适应经济社会发展的专业。2015 年，四川大学制定《四川大学本科专业结构调整与专业建设实施办法》，不断深化本科专业供给侧结构性改革。按照"控制规模、促进交叉、提升品质、彰显特色"的原则，通过"缩、改、撤、优"分类调整不同类型专业，学校本科招生专业由 131 个优化至 105 个。以"四新"建设为引领，在新文科建设中开设网络与新媒体、波兰语等急需专业，在新工科建设中布局网络空间安全、飞行器控制与信息工程、人工智能等新兴专业，探索构建学科交叉、特色明显的本科专业体系。按"对标国际、引领全国"和"体现区域特色、引领区域发展"不同定位，分类分层布局本科专业，加强国家级、省级一流本科专业建设，

7个专业入选"拔尖计划2.0"国家级基地，9个专业入选国家"强基计划"，8个专业入选国家基础学科人才培养基地，13个专业入选国家级卓越人才培养计划，让质量文化建设成为本科专业建设的主基调。

（二）探索多学科交叉，人才培养从"单一培养"到"学科融通"

随着科技的飞速发展，人类所面临的复杂问题往往已经不是单一学科能够解决的，这就要求高校在人才培养中不断研究和强化多学科交叉，培养学生跨学科视野下解决复杂综合性问题的能力。作为学科门类齐全的综合性大学，四川大学发挥文理工医的多学科优势，积极探索交叉学科专业人才培养。在人才培养方案中，明确提出学生修读非本专业类课程的要求；面向科技前沿，组织多位院士领衔，整合各学科专业和国家重点实验室、研究中心资源，构建"跨学科—贯通式"人才培养体系，共建有21个"华西生物国重创新班"等名师班、"计算金融"等交叉试验班和"法医学与法学"等双学士学位班；科教融合，大力推进"创新2035"先导计划，开展科研训练、科创竞赛和"双创"活动等，将学科与科研优势汇聚到专业建设上，促进专业交叉融合与专业集群创新发展；拓深"拔尖计划""强基计划"，在研究生推免中设立"跨学科专业—贯通式人才培养专项"；创建"玉章书院"，打造跨70余个专业的跨学科、多学科学习生活社区，让拔尖人才培养打上跨学科、多学科融通的烙印。

（三）抓住课程建设核心，专业建设从"因师设课"到"应需建课"

课程是人才培养的基本要素，一流专业建设的核心在课程。四川大学聚焦"强基础、厚通识、宽视野、多交叉"，深化全过程全课程思政教育，推动课程思政与思政课程同向同行，"习近平新时代中国特色社会主义思想概论"课程实现本科教育全覆盖，"四史"教育课程全面开设，认定校级课程思政"榜样课"893 门次、"标杆课"30 门次、"五育并举"示范课 9 门。3 门课程、23 位教师入选教育部课程思政示范课程、教学名师和团队，积极营造"课程门门有思政、教师人人讲育人"的良好氛围；出台面向未来、有川大特色的一流课程建设方案，设置课程首席教授，依托重点建设学科（群）与一流本科专业的人才培养需要，打造强势学科专业引领的一流课程和优质教材，累计 128 门课程被认定为国家级一流本科课程，398 门课程被认定为省级一流本科课程，获批 223 种国家级规划教材，97 种省级规划教材，14 种教材获评国家教材建设奖；由院士、知名专家等领衔，整合跨学科优质教学资源和团队，已建成通识教育核心课程 80 门，打造"一课一书"教材，构建通识教育新体系；深化"探究式"改革，智慧教学环境、全过程学业评价和非标准化答案考试改革实现全覆盖，启发式讲授、探究式交流、批判式讨论成为川大课堂的常态，让课程建设实实在在推动人才培养目标有效实现。

（四）做好以评促建，专业评估从"终点评分"到"全程指导"

评建相长，健全体系，高校在专业建设过程中应深入落实《普通高等学校本科专业类教学质量国家标准》，坚持"以评促建、以评促改、以评促管、评建结合、重在建设"。四川大学积极推进以本科专业类教学质量国家标准为核心的校内评估，实现专业评估、设置、优化、调整、退出常态化；遵循"全面启动、分步推进、优先投入、成果受益"原则，大力推动工程教育专业认证和医科专业的国际认证评估，已有 24 个专业通过国际和国家级专业评估和认证；签订《一流专业建设任务书》，明确核心指标与要求，指导各专业深入推进一流专业建设；完善校院两级管理体制机制，强化学院在专业设置、建设、调整方面的自主权；对标有关国家标准和专业认证标准修订人才培养方案，组建质量保障专家团队，建立本科专业质量保障体系，实行常态监控、全过程指导，并将专业建设成效作为资源分配的重要依据，不断提升专业建设质量和水平。

三、结语

教育部提出一流专业"双万计划"以来，各高校基于校情、学情开展了新的专业建设与管理改革，取得了一定的成效。四川大学长期深入贯彻落实习近平总书记关于高等教育、科技创新和人才工作的重要论述，持续推动本科专业内涵式高质量发展，在优化专业结构、推进学科融通、打造一流课程、开展专业评估认证等方面进行了深入的探索与实践，专业建设与管理水平不断提升。但新一代人工智能的飞速发展给高校人才培养提出了新的挑战。未来，各高校在一流专业建设中，需要围绕国家重大战略需求，坚持"五育并举"，思考如何利用数字化、信息化和智能化的手段，不断提升专业建设与管理的水平，书写好"怎样培养人"的答卷。

参考文献：

[1] 吴岩. 一流本科 一流专业 一流人才 [J]. 中国大学教学，2017（11）：4-12，17.

[2] 习近平. 高举中国特色社会主义伟大旗帜 为全面建设社会主义现代化国家而团结奋斗 [M]. 北京：人民出版社，2022.

[3] 习近平. 在全国教育大会上的讲话（摘录）[J]. 教育文摘，2019（1）：4-5.

[4] 陈雪. 国家级一流专业背景下教学管理工作探讨 [J]. 教育教学论坛，2020（44）：38-39.

[5] 李鑫. 新工科交叉学科专业建设研究 [D]. 武汉：武汉理工大学，2019.

[6] 孟庆强. 一流本科专业建设背景下学生发展评价变革研究 [J]. 黑龙江高教研究，2019（12）：14-17.

[7] 李明磊，王战军. 新时代一流专业建设应转向成效式评价 [J]. 江苏高教，

2020（9）：20-23.

[8] 王洪才. 科学谋划，推动一流专业"双万计划"有效实施 [J]. 重庆高教研究，2020，8（4）：24-27.

教学建设实践

党的二十大精神融入"模拟电子技术基础"课程教学改革实践探讨

贾绍芝[1] 庄俊月[2]

（1. 四川大学电气工程学院 2. 四川大学物理学院）

摘　要：本文针对四川大学"模拟电子技术基础"课程教学中存在的一些问题，将党的二十大精神融入"模拟电子技术基础"课程教学改革实践中，指导"模拟电子技术基础"课程教学和实验教学改革深度融合。实践表明，将党的二十大精神融入"模拟电子技术基础"课程教学改革实践，不仅使教学质量和教学效果得到显著提高，而且培养了学生自主学习能力、创新意识、工程实践素养和团队精神。

关键词：模拟电子技术基础；党的二十大精神；课程教学

一、引言

"模拟电子技术基础"是理工类专业的重要专业基础课程，是学习各专业课程重要的中间环节课程，兼具理论性和实践性。该课程的基本任务是让学生掌握电子技术的基本概念、基本原理以及基本电路的分析方法与设计方法，从而初步具备电子技术工程师的基本素养，为进一步学习后续各类专业课程打下坚实的基础。然而该课程的传统教学在教学方式与手段上，一般只注重知识的传授，忽略了工程素质的培养。在这样的情况下，如何使学生更扎实地掌握这门课程的内容成为值得深思的问题。

党的二十大是在我国迈上全面建设社会主义现代化国家新征程、向第二个百年奋斗目标进军的关键时刻召开的一次十分重要的大会，举国关注、世界瞩目。党的二十大报告先后提及建党精神、斗争精神、劳动精神、奋斗精神、奉献精神、创造精神、勤俭节约精神和爱国主义精神（爱国主义精神是民族精神的核心）。"模拟电子技术基础"课程是一门理论与实践并重的课程。本文将伟大建党精神、斗争精神、劳动精神、创造精神和爱国主义精神融入"模拟电子技术基础"的课程教学与实验教学改革实践之中，以课堂为载体，以立德树人为根本，将知识传授、能力培养、价值引领有机结合，培养学生的家国情怀、科学家精神、专业情怀和社会责任感，引领学生自信自强、守正创新、踔厉奋发、勇毅前行。

二、改革"模拟电子技术基础"课程和实验教学，深度融合奋斗精神、劳动精神和爱国主义精神

（一）专业教师角色转换

传统教学模式中，教师是整个课堂活动的主体，学生被动接受知识。在党的二十大精神的指导下，教师转换角色，以学为中心，学生成为课堂活动的主体。在整个教学活动中，教师着力提升学生的学科专业知识，强化学生的工程创新能力与实践能力等多元素质，这也是高等教育的关键目标。教授"模拟电子技术基础"课程需要培养学生劳动精神与创造精神，所以实践能力显得尤为重要。教师要将劳动精神与创造精神传递给学生，积极大胆地改变教学方式，将传统的讲授者与灌输者转变为课堂的设计者与引导者，使学生由被动学习变为主动参与，引导学生自主地发现问题、

分析问题、解决问题，驱动学生的学习动机与学习积极性。

（二）理论教学与实验教学有机结合

为了体现"模拟电子技术基础"理论知识在实际电子电路中的应用，帮助学生理解并掌握理论基础知识，在教学过程中突出理论教学与实践教学有机结合，引导学生应用工程分析方法，改变固有的精确计算的纯理科思维。在不断实践的过程中，教会学生掌握电子电路测试方法、故障判断及排除方法；要求学生学会定性分析、定量近似估算，明白合理近似也是解决实际问题的重要手段。

为帮助学生掌握理论知识，教师以仿真教学的形式组织基本电路的分析与设计教学，以提升学生认识电路、分析电路的直观性。同时，在实验室开展了一系列的设计性和综合性实验，旨在加深学生对于理论知识的实际应用和综合运用的理解。教师先将实验内容、实验原理、实验过程等资料发放到交流群，方便学生提前预习，同时根据学生学习能力的不同，设置难易程度不同的实验，鼓励学有余力的学生做更深入的设计性实验。

另外，要求学生掌握模块化的设计方法和电子设计自动化（EDA）技术，在实际操作中熟练掌握软硬件系统的调试技术。在实验过程中将硬件线下实验与软件仿真实验有效地结合起来，要求学生通过 Multisim 等软件对电路进行仿真，得到理想结果后再在面包板上搭建实际电路进行调试。整个实验过程不仅让学生对各种电子元件和理论知识有了更深刻的认识，还提高了学生的动手能力以及创新能力，培养了学生的工程观、大局观，让学生真正成长为理论与实践相结合的工程型人才。在实验教学中，主要培养学生调试、分析、排除故障的工程应用能力，充分发挥学生主观能动性，提高学生分析问题、解决问题的能力，以适应社会的需求。

（三）项目驱动与问题引导，提升课程的高阶性和创新性

党的二十大精神对培养工科学生实践能力提出了新的要求。项目教学法是通过实施一个完整的项目来达到教学目标的方法，其目的是在教学中把理论与实践有机结合，培养学生的创造精神和奋斗精神。

在教学过程中，为提升学生综合实践能力，引入综合课程设计项目。第一个项目是制作电子混响、音调控制的音响放大电路。第二个项目是产生三角波和正弦波并进行叠加的调制电路。在音响放大电路中，可以根据实现的功能将电路分成几个小的模块，比如话筒放大电路、喇叭放大电路等；电子混响电路可分为滤波电路、混响前置放大电路、音调控制电路和功率放大电路等。在讲授相应内容时，可作为案例进行电路剖析，也可作为章节结束后的电路设计任务。待课程结束后，学生进行系统综合并适当调节参数就可以设计出音响放大电路。

第二个项目要求学生掌握集成运算放大器的应用与设计。应用四运放集成芯片 LM324 设计调制波产生电路，其原理框图如图 1 所示。

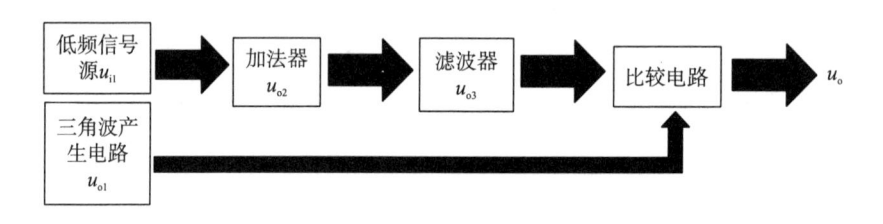

低频信号源 u_{i1} → 加法器 u_{o2} → 滤波器 u_{o3} → 比较电路 → u_o

三角波产生电路 u_{o1} →（连接至比较电路）

图 1　调制波产生电路原理框图

该项目强调集成运算放大器的应用，学生利用四运放集成芯片 LM324 产生调制波电路并进行实物搭接与调试。首先，要求学生先通过 Multisim 软件完成设计仿真，实现调制波电路的功能，给出完整的设计电路。其次，列出实物搭建需要的元器件及芯片，在实验室领取元器件及面包板。最后，学生完成电路搭接与调试，教师验收学生的电子产品，并给

出相应课程设计成绩。这部分实验内容主要培养学生综合运用所学理论知识解决较复杂的实际问题的能力，提高学生的团队合作意识、科研水平、综合探索实践能力，也提升课程的高阶性和挑战度。

通过课程综合设计训练，且将党的二十大精神融入教育理念后，该课程逐渐建立了以往教学中缺乏的工程观念、总体观念，激发了学生的学习兴趣，培养了学生的团队意识，激发了学生的爱国热情，这对该课程教学改革具有重要意义，符合教学改革任务的基本要求与精神。

（四）基于 SPOC 的线上线下混合式教学模式

该课程教学改革创新"互联网＋"环境下教育教学方法，链接高校优质 MOOC 资源，运用现代教育技术的硬件环境（包括手机互动教室、多屏研讨教室），使用慕课堂、QQ 群等工具，将传统的教学模式转变成基于 SPOC 的线上线下混合式教学模式，如图 2 所示。

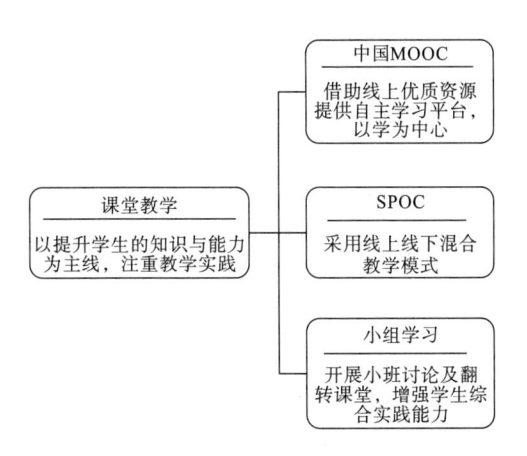

图 2 基于 SPOC 的线上线下混合式教学模式

教师将劳动精神与创造精神的内核融于"模拟电子技术基础"课程教学实际中，借助"互联网＋"平台，创新教育教学手段，解决日益膨胀的知识量与有限学时之间的矛盾，推进信息技术与课程教育深度融合，提高工程教育质量和教学效果。同时，充分提取蕴含在专业知识中的育人元素，将知识传授、能力培养、价值引领有机结合，实现"科技点亮青春，思维创造奇迹"，落实立德树人根本任务。

三、结语

党的二十大主题明确、内涵丰富、影响深远，是对党和国家事业发展的政治指引、思想指引和行动指引。我们要深刻领会党的二十大报告中蕴含的新思想、新观点、新理论，入脑入心，推进"三进"（进教材、进课堂、进头脑）教学相长、见行见效。"模拟电子技术基础"课程要持续改革与创新，及时更新教学内容，创新教学方法，有效促进课堂教学与实践教学高度衔接、有机融合，突出专业课程的思政功效，让党的二十大精神"带着热气"进课堂，实现立德树人有道，春雨润物无声。

参考文献

[1] 包心鉴. 贯通马克思主义中国化时代化新境界的根本立场和科学方法——深入学习中国共产党第二十次全国代表大会报告［J］. 济南大学学报（社会科学版），2022，32（6）：5－15.

[2] 中国共产党第二十次全国代表大会关于《中国共产党章程（修正案）》的决议［J］. 新长征，2022（11）：54－56.

党的二十大精神融入"电子技术实验"课程思政的探索与实践

印 月

(四川大学电气工程学院)

摘 要：将党的二十大精神融入课程思政是每位教育工作者都应该思考的问题。作为电子等相关领域的重要支撑，"电子技术实验"蕴含着丰富的思政元素，是实现课程思政教学目标的重要载体。基于此，以设计思政教育与专业教育并行的实验教学体系和打造教师队伍"主力军"为目标，对"电子技术实验"教学体系进行优化，结合教学实例探索在实验教学各个环节融入思政教育的实施路径。教师队伍德育能力的培养与持续提升是进一步提高立德树人成效的关键。

关键词：二十大精神；课程思政；教学探索；电子技术实验

"教育是国之大计、党之大计。"[1] 教育的根本是立德树人。落实立德树人根本任务，必须把思想政治教育贯穿于教育教学全过程。为更好地提

---

[1] 习近平. 高举中国特色社会主义伟大旗帜 为全面建设社会主义现代化国家而团结奋斗——在中国共产党第二十次全国代表大会上的报告［M］. 北京：人民出版社，2022.

升高校思想政治教育质量,2017年12月,教育部颁发《高校思想政治工作质量提升工程实施纲要》,要求各高校"梳理各门专业课程所蕴含的思想政治教育元素和所承载的思想政治教育功能,融入课堂教学各环节,实现思想政治教育与知识体系教育的有机统一"①。为此,高校在做好思想政治理论课改革创新的同时,应积极进行课程思政教育探索,把思想政治教育贯穿于教育教学全过程,不断提升课堂教学质量。

《中共中央关于认真学习宣传贯彻党的二十大精神的决定》指出:"学习宣传贯彻党的二十大精神是当前和今后一个时期全党全国的首要政治任务。"② 当下,在课程思政工作推进中,教育主体必须认真学习宣传贯彻党的二十大精神,把党的二十大精神融入课程思政教育中,不断提升教育对象的思想道德素质,实现立德树人之根本教育目标。"电子技术实验"作为电类及相关专业基础类课程,是课程思政的重要领域,要积极把党的二十大精神融入课程建设中,以党的二十大精神为指引,探索课程改革路径,为实现科技强国目标奠定坚实基础。

本文立足电工电子基础实验教学中心"电子技术实验"课程教学的实际,深入梳理课程中蕴含的思政元素与专业知识间的匹配关系,并通过"赛践研"一体化和数智化教学平台等新型教学模式,将相关思政要点潜移默化地融入实验教学的各个环节,使学生的专业技能、职业素养及社会责任感均得到显著提升。

---

① 中共教育部党组关于印发《高校思想政治工作质量提升工程实施纲要》的通知[EB/OL].(2017-12-04)[2023-01-11]. https://www.gov.cn/zhengce/zhengceku/2020-06/06/content_5517606.htm.

② 中共中央关于认真学习宣传贯彻党的二十大精神的决定[N].人民日报,2022-10-31(1).

一、实验课课程思政现阶段存在的问题及对应改进建议

（一）教师对此重视程度以及自身政治修养不足

传统实验课教学中，教师忽视了课程思政的重要性，侧重实验技能的传授，课程教学局限于指导学生运用基本原理解决实际工程问题。也有部分教师由于自身政治修养的不足，在讲课时生硬地加入思政内容，使得课程内容与思政教育脱节，不能在潜移默化中浸润学生。因此，教师需提高自身的修养，重视思政教育问题，在传授实践技能的同时，将自身优良的师德、师风、师魂与实践教学相融合。

（二）思政素材缺乏新意

以往的实验课课程思政中，教师往往引入科学家的事迹作为思政素材。但由于科学家事迹所体现的不畏困难、积极进取、严谨治学的态度以及爱国精神，是一种共性品质，因此这种单一的素材形式，容易导致思政素材重复，缺乏新意，使得学生乏味，从而导致课程思政实效减弱。事实上，"电子技术实验"课程内容涵盖面广，教师应该从实践教学的各个环节挖掘思政元素，多角度多元化融入实践教学中，提升课程的深度与广度，使课程思政真正见功见效。

（三）教学方式单一

现阶段的实验课教学中，通常是教师向学生单向知识传授。因此，课程思政教育通常也是采用教师向学生单向渗透的方式。这种方式成为对学生进行思想教育和价值引领的主要途径。但值得注意的是，学生是长期生活在班级中的，可以通过"学生带动学生"的方式，设计多样化的教学过程，合理运用科学的教学方法，进一步活跃课堂氛围，提高学生的参与

度，从心理上拉近其与思政教育的距离，提升课程的温度，在润物无声中实现价值引领。

二、思政教育与实验课程同向同行的教学体系设计

为进一步推进"电子技术实验"课程思政的建设，课程组以立德树人为宗旨，结合数智化、多元化教学方式，通过"赛践研"一体化实验教学模式、"工程+"实验项目和基于过程的动态考核方式，使学生不仅能掌握实验教学的根本，而且能够培养辩证思维能力和科学精神，进而帮助学生塑造良好品格，增强其社会责任感。与思政教育并行的"电子技术实验"教学体系设计思路如图1所示。

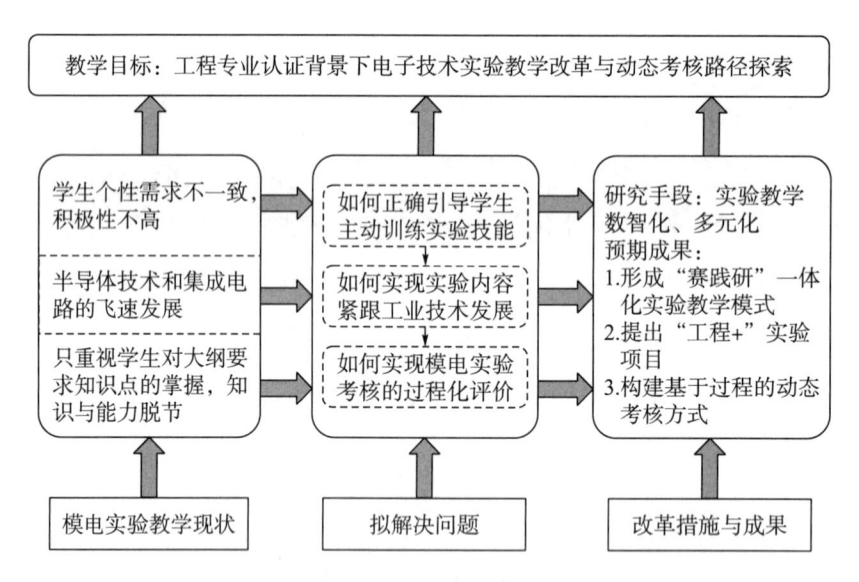

图1 "电子技术实验"课程思政教学体系设计思路

（一）挖掘"电子技术实验"课程思政元素，实现课程思政的自然融入

提升课程思政质量，必须重视专业课中思政元素的选择。根据"电子

技术实验"课程特点，可从实验教学的各个环节挖掘课程潜在的思政元素，形成实践技能传授、创新能力培养和工程素质养成三个维度的"电子技术实验"课程思政体系。实验预习环节，运用专业软件工具进行电路设计和分析，激发学生积极投身基础研究工作的热情；实验教学环节，引入前沿热点问题和关键科学事例，激发学生报效祖国的爱国情怀；实验操作环节，通过电路调试和实验数据记录等操作训练，培养学生科学严谨、一丝不苟的工匠精神，锤炼学生不怕困难、艰苦奋斗的意志品质。

（二）构建"赛践研"一体化实验教学模式，提升课程思政育人效果

通过竞赛聚合模电实验知识，构建课程化的竞赛培训体系，激励学生不断学习，勇于探索未知的科学知识。深度剖析历年竞赛题目，提炼核心电路，将其与工程实践问题有机结合，形成具象化的实验任务，同时开展模电实验课堂教学，培养学生透过现象看本质的能力；借助暑期"实践教学"，延展模电实验课程，按竞赛规则组建团队，在模电实验课程的基础上，协作完成竞赛相关技能的高阶训练，使课程学习、竞赛模拟和实践训练紧密结合，为学科竞赛做好技能准备。

结合科研成果，用学生乐于接受的方式适时嵌入党的二十大精神元素，达到润物无声之目的；开设"知识小课堂"，聘请学术大师担任主讲教师，让学生感受学术大师的风采，了解前沿学术成果，培养学生学以致用、造福人类的使命感和责任感；借力"远程实物实验平台"，完成难度系数高、成本造价较高的"工程＋"实验项目，让学生在真实的工程项目中学习并掌握课程知识，培养学生的工程思维和创新实践能力，增强创新精神。

（三）建设数智化实验教学平台，调动学生自主、积极学习的动力

以新媒体为载体，实施线上线下相结合的混合实验教学模式。依托"学习强国"等平台的数字资源，基于数智化实验教学平台，建设模电实验电子教学资源库，以教师为主导，引导学生课下自主学习，课上专注于师生互动和实践。同时，充分发挥学生的主体作用，将专业学习与思政理论相结合，通过演讲、动画、短视频等多种形式展示分享，构建师生共建的课程思政案例库，增强学生学习兴趣，提升课程思政育人效果。

（四）构建多元化动态考核评价体系，激发学生的学习热情

科学、公平、合理的评价体系对学生学习导向、教学效果起着重要的担保作用。为此，课程组构建了数据驱动的模电实验动态考核方法，以促进思政教育和实验教学齐头并进；以考查学生的对知识的综合运用能力与工程实践能力为导向，设计了多元化的电子技术实验考核元素；根据实验项目类型，制定了动态考核要求并合理制定了注重过程、可操作的考核标准；为综合评定学生实验成绩，基于科学的决策方法确定了各评价指标重要性权重。

三、打造教师队伍"主力军"，实验教学全过程保障

"全面推进课程思政建设，教师是关键。"[①] 教师应牢记立德树人根本任务，结合课程实际，充分发挥思政育人的主力军作用。课程组围绕实验课程汇聚教师团队，打造电子技术实验核心课程群，深入学习党的二十大

---

① 教育部关于印发《高等学校课程思政建设指导纲要》的通知（教高〔2020〕3号）[EB/OL].（2020−05−28）[2023−01−11]. https://www.gov.cn/zhengce/zhengceku/2020−06/06/content_5517606.htm.

精神，不断提升政治理论素养，把党的二十大精神融入实验教学实践，实现自身思想道德素质和科学文化素质的同步提升。树立核心课程群全员育人、整体育人和协同育人理念，做到教书与育人相结合，把党的二十大精神有效融入课堂教学中，全面提升"电子技术实验"课程教学质量。

四、"电子技术实验"课程思政实施路径初探——以智能交通灯设计实验项目为例

基于智能交通灯设计的实验项目，主要关注实验的工程性、综合性与探索性，培养学生工程意识和创新意识，使其了解行业发展状况，看到国内外技术差距，培养其奋发图强、自强报国的爱国情怀。

课前，通过预习，引导学生认真思考实验原理、内容及相关注意事项，训练学生独立认识、分析并解决问题的能力。利用主题教学视频，契合学生的身心发展特征，培养学生的钻研精神和自主学习能力。指引学生自主调研或探索智能交通灯控制技术的发展历史及应用现状，潜移默化地引导学生认识到自身肩负的责任和使命，激发学生的家国情怀和学习热情。

课中，带领学生积极探索实验奥秘，强化思政要点传递。通过讲解智能交通灯电路原理，培养学生解决实际问题的思维和意识，弘扬开拓创新的理性精神。对比智能交通灯电路的设计方案，让学生理解事物的多样性，培养学生透过现象看本质的能力，激发学生转换思路，灵活解决问题的能力。

课后，通过撰写实验报告，让学生进一步梳理和总结智能交通灯设计实验中蕴含的德育要素，帮助学生实现从感性认识到理性认识的提升，进而促进其掌握事物发展的内在规律并将其应用于工程实际。

五、结语

本文以"电子技术实验"课程为载体，融入党的二十大精神，优化实验教学体系，结合"赛践研"一体化实验教学模式和数智化实验教学平台，探索思政教育与实验课程同向同行的教学体系实施路径，为开展多元化的课程思政建设开拓了新的思路。需要指出的是，作为思政建设的主力军，教师的思政教育水平在很大程度上影响着课程思政的成效。因此，需注重教师自身创新意识及德育能力的培养和持续提升。

以生涯发展规划为核心的新生阶段化教育模式研究*

丁 莎 董柯平 王 颖

（四川大学计算机学院）

摘　要：新生阶段是开启大学生涯的新起点，新生教育的质量优劣关系到新生是否能够顺利完成高中生到大学生的角色转换，直接影响着大学生未来长期发展的好坏。本文立足于新生教育，将生涯发展规划融入新生核心教育内容，以期设计出具有系统性、阶段性、持续性的新生教育内容、方式、路径。为深入探索以生涯发展规划为核心的新生阶段化教育模式，必须充分研究新时代新生特征，以新时代青年奋斗观培育大学生的正确认知，以生涯规划为指引，通过涵盖新生教育周、教育月、教育学期、教育学年的阶段化新生教育模式激发学生学习内驱力，以达到拓宽育人路径的目的。

关键词：生涯发展规划；新生；阶段化

---

* 本文为2021年度四川大学青年教师科研启动基金项目（sksz202104）、2022年四川大学辅导员工作精品项目（XGJP202215）阶段性成果。

力学力行 善作善成
——党的二十大精神"三进"教学改革研究与实践

在百年未有之大变局的背景下,党的二十大报告为高等教育发展提出了新思想,指明了新方向,明确了新路径,注入了新动力。党的二十大报告强调,要坚持教育优先发展、科技自立自强、人才引领驱动,加快建设教育强国、科技强国、人才强国。[1] 在新的历史起点,开启奋进新征程,着力建设教育强国,发展高质量教育,培养高质量人才,是全面建设社会主义现代化国家的重要基础性支撑。高校在党的领导下,全面贯彻党的教育方针,始终以立德树人为根本任务,构建德智体美劳全面培养的教育体系,构建"三全育人"新格局。

习近平总书记始终高度重视、亲切关怀青年学生成长成才。2021年4月,习近平总书记深深嘱托青年大学生,"要肩负历史使命,坚定前进信心,立大志、明大德、成大才、担大任,努力成为堪当民族复兴重任的时代新人,让青春在为祖国、为民族、为人民、为人类的不懈奋斗中绽放绚丽之花"。新时代青年大学生需要树立正确的奋斗观,做到矢志艰苦奋斗、埋头务实奋进、接力持续奋斗与开拓创新奋斗。[2]

受到当前社会价值观多元化、知识信息碎片化等影响,当代大学生在思想水平、政治觉悟、文化素养、视野层次等方面都发生着明显的变化。[3] 现在"00后"成为大学生的主体,钟歆等通过研究归纳了"00后"大学生具有的五个明显的思想和行为特征:①价值追求更加个性化;②学习方式更加多样化;③生活方式更加网络化;④思考处事更加理性化;⑤价值追求更加务实化。[4] 大学教育是青年成长成熟的关键阶段,是人生

---

[1] 高举中国特色社会主义伟大旗帜 为全面建设社会主义现代化国家而团结奋斗 [N]. 人民日报, 2022-10-17 (2).

[2] 王蕊. 关于加强新时代高校学风建设的思考 [J]. 学校党建与思想教育, 2020 (1): 87-89.

[3] 周芳, 任怡. 论习近平新时代青年奋斗观的基本要义、特征及价值 [J]. 思想理论教育导刊, 2020 (9): 84-88.

[4] 钟歆, 肖清滔. 互联网时代00后大学生思想政治教育的新路径 [J]. 重庆理工大学学报 (社会科学版), 2019, 33 (7): 144-150.

观、价值观、世界观定型成熟的重要时期。新生阶段是大学的新起点，新生教育的质量优劣关系到新生是否能够顺利完成高中生到大学生的角色转换，直接影响着大学生未来长期发展的好坏。

在习近平新时代中国特色社会主义思想的指导下，"双一流"大学承担着全面提升人才培养质量，培育高质量、高素质、高层次的拔尖创新人才的艰巨责任。大学教育分为不同阶段、不同专业、不同深度。从阶段性发展出发所构建的阶梯式培养模式体现了"以学生为中心"的基本理念。本文立足于新生教育，将生涯发展规划融入新生核心教育内容，以期设计出具有系统性、阶段性、持续性的新生教育内容、方式、路径。为探索以生涯发展规划为核心的新生阶段化教育模式，在充分研究"00 后"大学生思想和行为特征的基础上，尊重新生主体地位，以新时代青年奋斗观培育大学生的正确认知，以生涯规划为指引，通过涵盖新生教育周、教育月、教育学期、教育学年的阶段化新生教育模式激发学生学习内驱力，以达到拓宽育人路径的目的。

一、研究背景

当前，社会对人才质量的要求越来越高，大学教育也在积极探索，深化改革。其中，大学新生教育工作是高校教育过程中的初始阶段，是青年大学生发展的关键过程。新生教育在不变中求变。不变的是始终坚持以立德树人为根本任务，扎实构建"三全育人"教育体系，推进"五育并举"全面发展。因势而变的是：第一，大环境的变化——国家发展，全面建设社会主义现代化国家，实现中华民族伟大复兴，需要聚焦未来前沿技术，对高校人才培养目标提出新定位、新要求；第二，小环境的变化——学校、学院的发展，学科建设的进行，需要提升学生深造能力、深造层次和就业层次；第三，微环境的变化——学生日益增长的深造需求，以及逐年增大的深造压力。

思考新生教育之变，以强化优良学风建设、提升学生深造能力为焦点，将"贯穿式阶梯培养"模式在本科阶段循序推进，将新生教育作为成长第一步，以立志教育和养成教育为主体内容，是大学阶段最为关键的基石。本文提出了以生涯发展规划为核心的新生阶段化教育模式，围绕调整目标、更新思路、拓宽路径、提高精准度四个方面展开研究，以期实现创新性地落实落细落稳新生教育工作（见图1）。

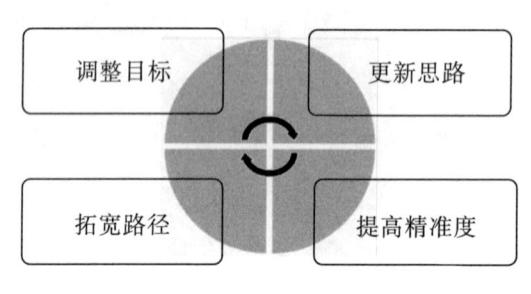

图 1 主体思想

二、基本思路与方法

（一）调整目标——紧扣时代发展，立报国之志

在当前国际形势多变的背景下，国家对高精尖行业人才的需求量不断扩增，但各类网络媒体的炒作渲染，容易使大学新生失去人生奋斗的正确方向。所以在新生教育阶段要做好学生的思想引领工作，帮助其树立新时代青年奋斗观，形成"把青春奋斗融入中华民族伟大复兴新征程"的认知，树立攻坚克难、报国展志的成才观念和奋斗目标。

（二）更新思路——早衔接、早认知、早适应

新生教育工作是帮助新生完成从高中生到大学生角色转变的关键一步。应改变传统的仅仅依靠学生"入学后"再教育的教育模式，更新教育思路，打破传统时间节点障碍，抓住新生"入学前、入学时、入学后"三

个关键教育阶段，做到入学前的教育阵地前移"早衔接"，入学时的校园学习"早认知"，入学后的合理规划"早适应"。

（三）拓宽路径——延展教育时空

新生教育需要全方位、持续性、阶段性的科学统筹规划。为进一步拓展教育途径，延展新生受教育时间和空间，主要从以下两个方面进行思考。

1. 组合资源，完善顶层设计

当前大学生已基本是"00后"，具有共性的一面和个性的多面，充分把握学生特点和需求是进行新生教育的根基。第一，需要建立健全短期与长期的新生教育课表，并形成教育常规化、长效化的机制。第二，帮助新生从思想上克服困难，消除畏难情绪，纠正新生对奋斗态度的认知偏差。第三，通过全方位、多角度、深层次的理论与实践相结合，将新生引导到正确轨道，帮助新生做出正确的生涯发展规划，引导新生树立有效的短期和长期目标，并将其落实于行动。

2. 生涯规划融入阶段化教育

新生教育需要步步紧扣，层层渗透，是思想和行动、短期与长期、学院与学校相结合的过程。本研究为阶段化新生教育模式所涵盖的新生教育周、教育月、教育学期、教育学年制订了各阶段的教育目标和教育内容（见图2）。新生在发展中不断认识专业、认知自己，积极调整生涯发展规划，达到明确目标的目的。

新生教育周——坚定理想信念，培育专业追求。将"三全育人"贯穿落实于新生教育中，充分发挥辅导员、专业教师等力量，通过学思想、谈志向、讲专业，全过程、多维度丰富新生教育内容。

新生教育月——探索专业多向性，构建团结集体，形成生活规律。依托专业实验室、社团，让新生初识专业理论和实践，感知专业发展现状，保持专业好奇和求知态度。同时，加强班级、寝室建设，形成科学合理的大学学习生活生物钟。

新生教育学期——学有目标，学有方法，学有氛围。以德智体美劳全面发展为核心，定期开展专业基础系列讲座，营造良好的学风，建立和谐寝室氛围，构建朋辈交流帮扶渠道。

新生教育学年——树立崇高志向，形成有律生活，夯实学科基础。不断拓宽视野，解决新生"专业发展应用"问题。以"请进来，走出去"的方式，邀请企业导师、杰出校友等分主题进行知识分享，内容应紧密围绕专业，关注时事政治、意识形态、国家安全、学科前沿。同时，走出去参观企业、参与国际交流活动，了解行业背景、企业运作模式并拓宽视野。

新生教育周
坚定理想信念，培育专业追求

⇩

新生教育月
探索专业多向性，构建团结集体，形成生活规律

⇩

新生教育学期
学有目标，学有方法，学有氛围

⇩

新生教育学年
树立崇高志向，形成有律生活，夯实学科基础

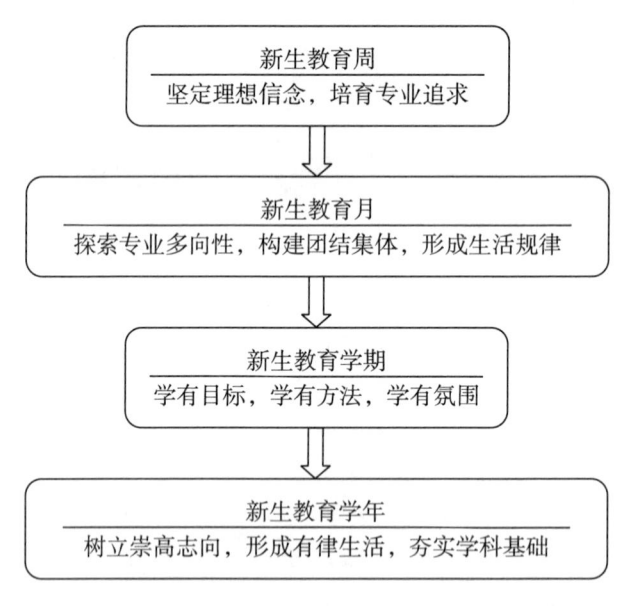

图 2　阶段化新生教育模式

（四）提高精准度——以生涯发展规划为抓手，完善规划服务体系

新生教育工作需要提高精准度，将思想引导、心理辅导、专业指导精准化。如何精准化帮助大学生完成转型，使其全身心适应和融入大学学习？需要以生涯发展规划为抓手，建立专业化、精准化、多维化、立体化的生涯规划服务，组建稳定、专业的师资队伍，科学的课程体系，完善的服务平台，帮助学生激发学习内驱力，让新生不知则问，问则有获，获则有悟，不断探索和完善对专业发展的思考，以便未来更好地投身于行业发展中。

三、结语

新生教育是一项系统工程。将生涯发展规划作为核心嵌入新生阶段化教育中，可以促进青年大学生树立奋斗目标，激发学习动力，更快、更有效地完成转变和适应。同时，应立足社会需要和学生需求，建立科学化生涯教育体系，建设专业化生涯教育队伍，将思想政治教育、专业素质教育、生涯发展规划教育融合为一体，三者相辅相成，为国家培养高素质人才。

党的二十大精神进课程模式的研究与实践

——以"国际金融"课程为例

王 奇

（四川大学商学院）

摘 要：扎实推进习近平新时代中国特色社会主义思想和党的二十大精神进教材、进课堂、进头脑，是落实立德树人根本任务的重中之重。本文从理论研究和教学实践两方面系统研究了党的二十大精神融入专业课教育教学的系统性、有效性、学理性和实践性。第一，本文系统梳理了"加快构建新发展格局，着力推动高质量发展"与"国际金融"课程相结合的知识体系，将围绕金融助力构建新发展格局的前沿研究融入课堂教学中，切实提升融入的学理性。第二，从"有序推进人民币国际化"的角度以人民币国际化、增强人民币汇率弹性、保持人民币汇率在合理均衡水平上的基本稳定、内部均衡与外部平衡等具体理论知识为切入点，通过讲解人民币国际化是构建新发展格局的重要支撑，强化金融有效支持实体经济的体制机制等具体问题来阐述党的二十大精神，切实提升融入的实践性。

关键词：党的二十大精神；中国式现代化；课程思政；国际金融

一、引言

党的二十大报告站在民族复兴和百年变局的制高点，科学谋划未来5年乃至更长时期党和国家事业发展的目标任务和大政方针，提出一系列新思路、新战略、新举措，是一篇闪耀着马克思主义真理光芒的纲领性文件。把党的二十大精神全面融入专业课教育教学是课程思政教学提质增效的重要要求。党的二十大报告中指出加快构建新发展格局，着力推动高质量发展，强调要增强国内大循环内生动力和可靠性，提升国际循环质量和水平，加快构建现代化经济体系。然而，在宏观金融理论框架中，目前从开放宏观金融角度来探讨新发展格局问题的相关教材较少。事实上，汇率作为开放宏观金融重要的变量之一，对国际收支平衡具有重要的作用。党的二十大报告也提出，推进高水平对外开放，其中明确指出"有序推进人民币国际化"。因此，如何将党的二十大精神融入国际金融理论教学中是研究需要解决的关键问题。

依托"国际金融"课程，课程团队从理论研究和教学实践两方面系统研究了切实提升党的二十大精神融入专业课教育教学的系统性、有效性、学理性和实践性。第一，团队系统梳理了"加快构建新发展格局，着力推动高质量发展"[1] 与"国际金融"课程相结合的知识体系，将最新关于人民币国际化促进构建新发展格局的前沿研究融入课堂教学中，切实提升融入的学理性。第二，以人民币国际化、增强人民币汇率弹性、保持人民币汇率在合理均衡水平上的基本稳定、内部均衡与外部平衡等具体知识为切入点，通过讲解"一带一路"建设的深入推进能够有效带动离岸人民币市场发展，促进离岸人民币服务网络和体系逐步完善，强化金融有效支持实体经济的体制机制等具体问题来阐述党的二十大精神，切实提升融入的实

---

[1] 刘鹤. 必须实现高质量发展 [N]. 人民日报，2021-11-24 (6).

践性。

团队将党的二十大精神融入课程的教学改革主要体现了两点创新：

（1）研究党的二十大精神与国际金融专业相结合的知识体系，实现党的二十大精神有机融入具体专业教学知识中。团队将最新关于人民币国际化促进构建新发展格局的前沿学术研究融入课堂教学中，找准党的二十大精神与国际金融知识的结合点，实现党的二十大精神有机融入具体专业教学知识中。例如人民币汇率通过进口贸易效应、资本流动效应以及创新效应有助于构建新发展格局。通过上述举措回答"如何将党的二十大精神融入国际金融理论教学中"这个关键的问题。

（2）构建以专业实际问题为导向的教学，通过问题导向与理论阐述相结合，有机融入党的二十大精神。在具体的教学内容建构上，以问题为纽带，例如"什么是中国式现代化？"。在具体的教学过程中，从金融、经济等视角讲授以金融推动中国式现代化的路径以及发如何挥国际金融作用助力中国式现代化建设。

二、党的二十大精神融入"国际金融"课程的主要内容

如何将党的二十大精神融入国际金融理论教学过程中？党的二十大精神与国际金融知识的结合点是什么？

首先，团队从汇率理论的视角，将加快构建新发展格局，推动高质量发展的国家战略融入国际金融理论教学中。构建以国内大循环为主体、国内国际双循环相互促进的新发展格局是以习近平同志为核心的党中央根据我国发展阶段、环境、条件变化做出的重大决策。金融的本质是资金跨时间和跨空间配置，具有优化资源配置、助力创新创业活动多方面功能，因而金融能在构建新发展格局中发挥重要作用。国际金融是金融领域的重要研究方向，人民币汇率是其研究的重要问题。坚定不移扩大开放，增强人民币汇率弹性，保持人民币汇率在合理均衡水平上的基本稳定，可为推动

经济高质量发展提供坚实保障。①

其次，团队将关于人民币国际化促进构建新发展格局的前沿学术研究融入课堂教学中，找准党的二十大精神与国际金融知识的结合点，实现党的二十大精神有机融入具体专业教学知识中。例如，人民币汇率通过进口贸易效应、资本流动效应以及创新效应有助于构建新发展格局。具体而言，人民币国际化、稳定的外汇汇率、开放条件下的宏观经济政策等课程知识点分别与加快构建新发展格局、着力推动高质量发展、推进对外开放水平等几个方面进行有机结合（见图1）。

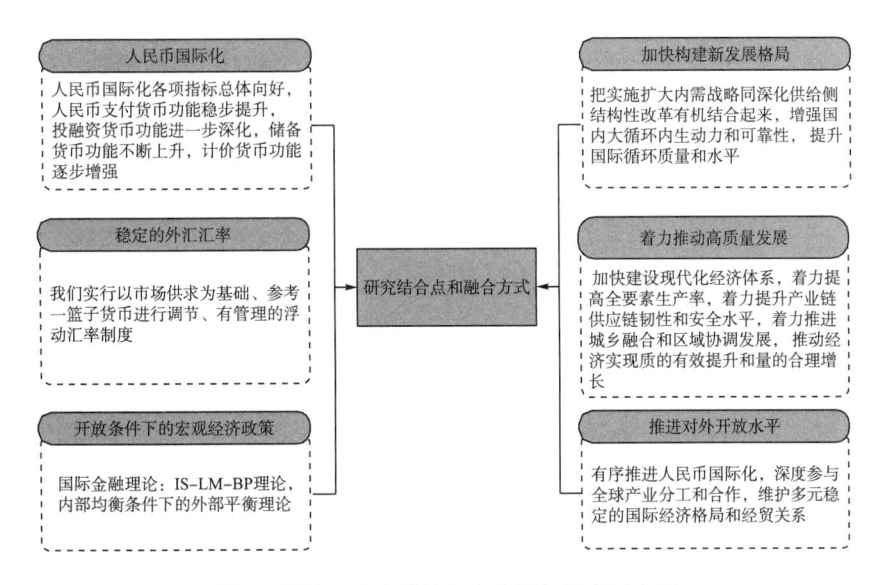

图1 党的二十大精神与专业课知识点对应图

三、党的二十大精神融入"国际金融"课程的实践路径

如何通过优化教学模式支撑实践教学？基于优化教学模式改革来支撑教学实践是我们关注的第二大问题。在现有教材中，有关人民币汇率、汇

---

① 张礼卿，陈卫东，肖耿，等. 如何进一步有序推进人民币国际化？[J]. 国际经济评论，2023（3）：38—50.

率政策、贸易政策等的资料较为陈旧。例如，根据《人民币国际化报告（2021—2022）》中数据，截至 2022 年 1 月末，我国已与 147 个国家和 32 个国际组织签署了 200 多份共建"一带一路"合作文件；2022 年 1 月 1 日生效的《区域全面经济伙伴关系协定》（RCEP）也将为人民币国际化发展提供新机遇。"一带一路"建设的深入推进能够有效带动离岸人民币市场发展，促进离岸人民币服务网络和体系逐步完善，这对学生理解党的二十大报告中"有序推动人民币国际化"具有非常重要的现实意义。因此，团队首先系统梳理"推进高水平对外开放"的相关政策内容，优化教学模式，引导学生通过政策内容学习理论知识。其次，团队借助中国人民银行、外汇管理局官方网站及中国外汇网等实时展现相关国际金融数据，帮助同学们理解"国际金融"实践知识。

（一）把握"国际金融"等经管类课程教学特点，确定与之对应的党的二十大报告内容

根据全面落实"五个牢牢把握"重要要求，即"牢牢把握过去 5 年工作和新时代 10 年伟大变革的重大意义、牢牢把握新时代中国特色社会主义思想的世界观和方法论、牢牢把握以中国式现代化推进中华民族伟大复兴的使命任务、牢牢把握以伟大自我革命引领伟大社会革命的重要要求、牢牢把握团结奋斗的时代要求"，团队联系教学实际，以国际金融实际问题为导向，用人民币国际化问题来牵引，通过问题解析与理论阐释相结合，帮助大学生学习和领会党的二十大精神。

在具体教学实践上，国际金融等经管类专业的特点主要体现在专业课程层面，"国际金融"课程理论性强，与现实经济生活密切相关。在具体教学实施过程中，以人民币国际化、增强人民币汇率弹性、保持人民币汇率在合理均衡水平上的基本稳定、内部均衡与外部平衡等具体理论知识为切入点，通过讲解人民币国际化是构建新发展格局的重要支撑，强化金融

有效支持实体经济的体制机制等具体问题,来阐述党的二十大精神。

(二)构建多元评价模式,形成双向课程反馈机制

鉴于教学过程涉及教师、学生、教学目的、课程、教学方法、教学环境、教学反馈等七个基本要素,本文构建以教师、学生、督导为评价主体的多元评价模式,以立德树人为中心,坚持联通课堂内外,讲全讲准讲透党的二十大精神,以推动党的二十大精神融入立德树人、教书育人全过程各方面。

在具体教学实践上,"国际金融"课程结合大学生思想实际,找准大学生感兴趣的研究问题,并结合党的二十大精神,把知识教育、思想教育和价值塑造相结合,把国家发展主题和学生成长主题结合起来;开展问题导向教学,以实际国际金融问题为导向,将问题解析和理论阐释相结合,帮助大学生学习和领会党的二十大精神。

党的二十大精神融入"刑法学"课程思政的具体路径

李 侠

(四川大学法学院)

摘　要："刑法学"课程作为法学新生教育的第一线,是开展课程思政的重要平台。将党的二十大精神融入"刑法学"课程思政,对于培养社会主义法治事业的建设者和接班人至关重要。党的二十大提出的贯彻习近平新时代中国特色社会主义思想的世界观和方法论,赋予了"刑法学"课程系统化的思政元素。"刑法学"课程根据不同的知识模块,分别采用直接讲授式、对比研究式、探索分析式等教学方式,推进党的二十大精神巧妙融入专业课堂,真正实现知识传授、能力培养和价值引领的有机结合。

关键词：党的二十大精神；"刑法学"；习近平新时代中国特色社会主义思想；课程思政

　　党的二十大精神是党在新时期开展一切工作的行动指南,推动党的二十大精神融入课程思政,是专业教师落实立德树人根本任务的内在要求。"刑法学"课程,无论所讲授法律的性质——刑法在整个国家法律体系中处于保障法地位,是"一切法律的制裁法",是中国法治建设的底线工程,还是面向的受众与课程性质——针对法学新生开设的专业核心课程，都决定了其必然站在培养德才兼备法治人才的第一线。用党的二十大精神指导"刑法学"课程思政建设，必然推动思政元素的体系化、理论化、创新化，实现习近平新时代中国特色社会主义思想进教材、进课堂、进头脑，真正落实习近平总书记提出的"立德树人、德法兼修"的法治人才培养要求。

一、党的二十大精神融入"刑法学"课程思政的重要意义

法学类教育担负着培养高素质法治人才的重任，是坚持全面依法治国、推进法治中国建设的重要基石。只有将党的二十大精神融入法学类教育的每一门课程，才能培养出"具有坚定理想信念、强烈家国情怀、扎实法学根底的法治人才"[①]。"刑法学"课程作为法学新生必修的专业核心课程，既是法治人才培养的开始，也是新生教育的起步，因此，在"刑法学"课程思政中融入党的二十大精神意义重大。

（一）播下社会主义法治思维的第一粒种子

"刑法学"课程以现行刑法为研究对象，是典型的规范法学，课程内容兼具理论价值与实践品格，学生接受认可度非常高。将"刑法学"课程作为法学教育的第一步，有利于培养学生的法治思维。而在"刑法学"课程教学中贯彻好党的二十大精神，就是将学生法治思维的培养牢牢扎根于中国的大地、依托于中国的制度、服务于中国的问题，从而有助于引导学生坚定不移地走向中国特色社会主义法治道路，为中国特色社会主义法治理论的丰富与发展添砖加瓦。

---

① 中共中央办公厅，国务院办公厅. 关于加强新时代法学教育和法学理论研究的意见[EB/OL].（2023－02－26）[2023－03－03］. http://www.gov.cn/xinwen/2023－02/26/content_5743383.htm.

（二）扣好人才培养的第一颗扣子

"刑法学"课程的受众是大一新生，他们正处于价值观形成的关键时期。而"刑法学"课程的重要内容，是指导学生正确识别国家在和平时期最无法容忍的行为——犯罪，因而渗透和彰显着价值判断和行为指引。将党的二十大精神融入"刑法学"课程思政，教导学生牢牢把握习近平新时代中国特色社会主义思想的世界观与方法论，就能帮助学生在大是大非面前站稳立场，逐步形成正确的价值观。正如"人生的扣子从一开始就要扣好"①，人才培养的扣子也要从一开始就扣好。

二、党的二十大精神赋予"刑法学"课程系统化的思政元素

长期以来，"应当挖掘什么思政元素"一直是专业课思政教学的难点，既不能叠床架屋，与"思政课程"内容重复，也不能生搬硬套，偏离专业方向。党的二十大报告提出"把握好新时代中国特色社会主义思想的世界观和方法论，坚持好、运用好贯穿其中的立场观点方法"赋予了"刑法学"课程思政教学系统化的思政元素。

（一）价值观：人民至上

党的二十大报告提出"人民性是马克思主义的本质属性"。人民至上的价值理念在不同领域有不同的表达方式。在法治中国建设领域，就是要"努力让人民群众在每一个司法案件中感受到公平正义"②。要想使这一价值观树立和落实在"刑法学"课程中，首要任务是正确认识"舆论审判"。

---

① 中共中央文献研究室. 十八大以来重要文献选编（中）[M]. 北京：中央文献出版社，2016：6.
② 习近平. 高举中国特色社会主义伟大旗帜 为全面建设社会主义现代化国家而团结奋斗——习近平同志代表第十九届中央委员会向大会作的报告摘登[N]. 人民日报，2022-10-17（2）.

司法实践中，一旦轰动性的刑事案件发生，网络上的民意携道德直觉汹涌而至，往往会令学生产生专业判断的困惑。教师在教学过程中，要帮助学生正确理解专业判断与民情民意的关系，通过分析两者各自不同的作用方式，使学生掌握个案裁判中达成"法律效果、政治效果、社会效果"相统一的判决的规范路径，让学生在专业能力的建构中树立人民至上的价值观。

（二）立场论：制度自信与胸怀天下

党的二十大报告提出，我们既要"坚定道路自信、理论自信、制度自信、文化自信"，又要"以海纳百川的宽阔胸襟借鉴吸收人类一切优秀文明成果"。[1] 这一立场论的正确贯彻落实到"刑法学"课程中的表现，即讲清楚我国具体刑事制度的实施现状、历史沿革、中外比较，展示现行制度的中国特色与未来走向。如死刑问题，有的西方国家一直以死刑执行数量指责我国侵犯人权。但通过对我国现行死刑制度的全面阐释（保留但严格限制）、死刑在立法上的变迁（废除部分死刑罪名、死刑立即执行条件更加严苛）、死刑在司法实践中的严格适用，学生就能正确理解我国现行死刑制度构建的合理性与发展趋势，进而实事求是，为建构适合中国不同阶段的死刑制度建言献策。

（三）方法论：守正创新、问题导向与系统观念

党的二十大报告提出，新时代给理论创新提出了全新要求，必须坚持守正创新，坚持问题导向，坚持系统观念，提供科学思想方法，以新的理

---

[1] 习近平. 高举中国特色社会主义伟大旗帜 为全面建设社会主义现代化国家而团结奋斗——习近平同志代表第十九届中央委员会向大会作的报告摘登[N]. 人民日报，2022-10-17（2）.

论指导新的实践。① 这一方法论提供了在专业知识的传授中培养学生思维能力与创新精神的具体路径，解决了专业课程如何"授人以渔"的困惑。落实到"刑法学"课程中，即要在知识点繁多且时常更新的背景下，紧紧把握住教学重点与教学难点，培养学生的自主学习、应用实践与探索创新能力。例如在对刑事立法条文的讲解中，首先要引领学生通过分析条文用语和体系定位掌握条文的规范内容；其次和学生一起探寻条文的立法沿革与司法实践，理解其立法缘由与适用现状；最后通过对疑难问题、争议问题的讨论，了解条文规定遇到的新挑战，鼓励学生大胆提出解决的办法。

三、党的二十大精神进入"刑法学"课堂的具体方式

专业教学的课堂是开展课程思政的主战场，要推进党的二十大精神有机融入"刑法学"的专业教学，必须立足课堂，根据不同的专业教学内容构建不同的融入模式。

（一）直接讲授式

直接讲授式即教师在讲授专业内容时通过直接讲解的方式帮助学生领会党的二十大精神，把握好习近平新时代中国特色社会主义思想的世界观和方法论。直接讲授式适用于对基本原则与基本制度的讲解。例如在涉及刑法最重要的基本原则——罪刑法定原则的讲解时，通过对罪刑法定原则在中国刑法典中的确立过程与发展历程的介绍，学生就能真正理解我们党"以海纳百川的宽阔胸襟借鉴吸收人类一切优秀文明成果，推动建设更加

---

① 习近平. 高举中国特色社会主义伟大旗帜 为全面建设社会主义现代化国家而团结奋斗——习近平同志代表第十九届中央委员会向大会作的报告摘登［N］. 人民日报，2022-10-17（2）.

美好的世界"① 的胸怀天下的格局。

（二）对比研究式

对比研究式主要通过古今中外类似制度的比较，让学生理解具体制度的变迁、中外制度的不同，从而明白任何制度的确立与演变都是与时俱进、与本国的具体国情相适应的，进而在内心深处认同"中国的问题必须从中国基本国情出发，由中国人自己来解答"，由此坚定"道路自信、理论自信、制度自信、文化自信"。② 例如在涉及犯罪成立体系的讲解时，通过比较我国的"四要件"体系、德日的"三阶层"体系、英美的"双层次"体系，学生就会理解到不同的犯罪成立体系的殊途同归——都是为认定犯罪服务的。各国之所以采用不同的犯罪成立体系，其根基源于本国的立法模式与司法运作，并没有绝对的优劣之分，因而不能搞直接拿来、盲目移植，而是要在比较借鉴的基础上找到可以优化我国犯罪成立体系的元素，真正做到"守正创新"。

（三）探索分析式

探索分析式即教师通过组织学生对实践中的争议问题进行讨论，启发学生思考争议问题的根源所在，鼓励学生在现有制度下寻求解决的路径，并展望未来的制度建构方向。这一教学方式特别适合于培养学生的问题意识、系统思维与创新能力，是对习近平新时代中国特色社会主义思想方法论的具体贯彻。探索分析式在"刑法学"课堂中有多种开展模式，例如通

---

① 习近平. 高举中国特色社会主义伟大旗帜 为全面建设社会主义现代化国家而团结奋斗——习近平同志代表第十九届中央委员会向大会作的报告摘登［N］. 人民日报，2022-10-17 (2).

② 习近平. 高举中国特色社会主义伟大旗帜 为全面建设社会主义现代化国家而团结奋斗——习近平同志代表第十九届中央委员会向大会作的报告摘登［N］. 人民日报，2022-10-17 (2).

过"苏格拉底式"教学法的不断追问、"辩论赛"正反观点的直接碰撞、"读书报告会"多种思想的激烈交锋,以问题为焦点、以学生为主体、以教师为引导,注重能力培养与价值观引领双管齐下,为培养复合型、应用型、创新型的卓越法律人才奠定扎实的基础。

习近平法治思想融入"思想道德与法治"课程教学的五重维度[*]

李双君

(四川大学法学院)

摘 要：习近平法治思想融入"思想道德与法治"课程，能够帮助学生树立尊重和维护宪法法律权威的意识，提升思想道德素质和法治素养，自觉建立对法治的信仰。从时代之维理解习近平法治思想产生的必然性，从理论之维厘清习近平法治思想的理论发展逻辑，从方法之维明确习近平法治思想的方法论，从实践之维掌握习近平法治思想的理论特质，从价值之维筑牢习近平法治思想的法治信仰，对提升课堂教学实效，巩固育人阵地，具有很强的现实意义。

关键词：习近平法治思想；全面依法治国；思想道德与法治

党的二十大报告指出："全面依法治国是国家治理的一场深刻革命，关系党执政兴国，关系人民幸福安康，关系党和国家长治久安。必须更好发挥法治固根本、稳预期、利长远的保障作用，在法治轨道上全面建设社

---

[*] 本文系 2021 年四川大学习近平法治思想专项研究课题"习近平法治思想整体性研究"（2021fzsx03）的研究成果。

会主义现代化国家。"报告从党和国家长治久安的战略高度对全面依法治国做出了新的部署。习近平法治思想作为全面依法治国的行动指南和根本遵循,深刻回答了新时代"为什么实行全面依法治国、怎样实行全面依法治国"等一系列重大问题,将习近平法治思想融入"思想道德与法治"课程,既能够帮助学生形成自觉尊重和维护宪法法律权威的意识,提升思想道德素质和法治素养,也是推动党的二十大精神"三进"的内在要求。

一、从时代之维理解习近平法治思想产生的必然性

时代是理论之母,时代课题是理论创新的驱动力。当前,我国正处于中华民族伟大复兴战略全局和世界百年未有之大变局之中,世情、国情、党情给国家法治建设带来诸多挑战。这"两个大局"是以习近平同志为核心的党中央对当前国际和国内环境变化所做出的科学研判,它是习近平法治思想生成的时代背景,也是谋划和实施全面依法治国的基本出发点。

第一,从世界形势来看,全面依法治国是积极参与国际规则构建的内在要求。

世界格局正在进行深度调整,美国在第二次世界大战后凭借金融和军事霸权,主导构建的以国际体系、国际秩序、国际规范为重点支撑的国际格局日益受到挑战,国与国之间综合国力的全方位竞争日趋激烈,在长期的国际斗争环境中,运用法治方式应对风险、防范挑战,坚决维护国家主权、尊严和核心利益,是党总结长期历史经验得出的重要结论。从地区冲突和疫情暴发等对人类造成的整体危机来看,我们有必要积极参与国际规则构建,在全球治理体系中嵌入我国的法律智慧,提出中国方案。习近平总书记指出:"我们应该创造一个奉行法治、公平正义的未来。要提高国际法在全球治理中的地位和作用,确保国际规则有效遵守和实施,坚持民

主、平等、正义,建设国际法治。"①

第二,从国内形势来看,全面依法治国是提升国家治理能力和治理水平的内在要求。

实现中华民族伟大复兴是中国共产党的初心和使命,为了实现这个目标,要直面人民日益增长的美好生活需要和不平衡不充分的发展之间的矛盾,"实现更高质量、更有效率、更加公平、更可持续、更为安全的发展"。这种发展必然是一种"不断提高贯彻新发展理念、构建新发展格局能力和水平"的"高质量发展"。具体落实到法律上,就是要实现更高层次的法治现代化,即国家治理体系和治理能力的现代化。

第三,从党的建设来看,全面依法治国是新时代管党治党的现实需要。

党的性质、党在国家和社会生活中所处的地位及所肩负的历史使命要求治国必先治党,治党务必从严。如果管党不力、治党不严,党的先进性和纯洁性就得不到保证,党的执政地位就会受到严重威胁。党的二十大报告指出:"我们党作为世界上最大的马克思主义执政党,要始终赢得人民拥护、巩固长期执政地位,必须时刻保持解决大党独有难题的清醒和坚定。"面对"四大考验""四大危险"和"大党独有难题",必须依靠严明的纪律,刀刃向内加强自我革命,切实解决党的领导和党的建设宽松软问题。党纪严于国法是全面从严治党的内在要求,把党规党纪立在法律的前面、严在法律的前面是全面从严治党的具体体现。

二、从理论之维厘清习近平法治思想的理论发展逻辑

第一,习近平法治思想继承了马克思主义立场、观点和方法。

人民立场是习近平法治思想的根本立场,习近平总书记指出:"党的

---

① 习近平. 习近平谈治国理政(第二卷)[M]. 北京:外文出版社,2017:529.

一切工作，必须以最广大人民根本利益为最高标准。"全面依法治国是党领导人民治理国家的基本方略，它为实现人民根本利益奠定了坚实的法治基础。习近平法治思想针对全面依法治国的重大命题提出了一系列原创性观点，这些新观点系统地体现在习近平法治思想关于法治地位、法治道路、法治结构和法治关系等一系列内容之中。习近平法治思想坚持了实事求是和群众路线的思想方法和工作方法。在政法系统整顿中，要坚持走好群众路线，充分发挥群众监督作用，实事求是依纪依法处理问题人员。

第二，习近平法治思想是同马克思主义法治思想一脉相承且与时俱进的。

马克思主义法治思想作为马克思主义的重要组成部分，运用阶级分析法阐述了法与国家和政权之间的必然联系，法在不同国家和社会形态中的功能和价值，提出了关于法律和法治的基本原理，创立了科学的法学世界观、方法论和价值论。在马克思主义中国化的过程中，马克思主义法学中国化是其重要方面之一。在新民主主义革命、社会主义革命和社会主义建设的各个时期，中国共产党废除了国民党《六法全书》并确定解放区司法原则，提出了新民主主义法制的理论，创立了社会主义法制思想。在改革开放新的历史时期，提出了依法治国，形成中国特色社会主义法治理论。进入新时代以来，以习近平同志为核心的党中央从党和国家长治久安的全局高度思考和谋划法治建设，围绕"为什么实行依法治国""如何实行依法治国"进行战略布局，创立了习近平法治思想，开辟了马克思主义法治理论中国化的新境界。

第三，不同历史时期的区域治理经验为习近平法治思想的形成提供了基础。

从理论自身萌芽和发展来看，习近平法治思想萌发于习近平同志从基层到地方任职的法治实践，即将施政目标放在区域治理上进行整体考察，以法治建设为切入点推动地方治理取得成效，达到臻于"治"的目标。

习近平同志的一系列关于依法治县、依法治市、依法治省的实践，以及对县域、市域、省域不同层面法治规律的科学总结，为习近平法治思想的形成提供了必要的理论和实践准备。

三、从方法之维明确习近平法治思想的方法论

第一，系统性。

习近平法治思想植根于生动活泼的中国特色社会主义法治实践，其中最重要的理论命题和最重大的理论判断既不是依赖于法律逻辑的简单演绎和推论，也不是法治实践中获得经验的简单归类、总结，而是自始至终保持了实践第一的理论品格，将全面依法治国作为一个系统工程，坚持运用系统思维和系统方法，在遵循法治化的一般演进规律之上突出顶层设计建构性[1]，从而增强法治建设内在系统性。比如，系统性地提出了领导推进法治建设的科学思维，包括战略思维、辩证思维、系统思维、历史思维、创新思维、底线思维、全球思维等，这是中国特色社会主义法治建设的重大法治方法论创新。

第二，整体性。

为了解决法治发展不平衡不充分的问题，促进区域、地方、行业之间法治协调发展、充分发展，突出全面依法治国"整体设计""共同推进""一体建设""统筹考虑我国经济社会发展状况、法治建设总体进程、人民群众需求变化等综合因素，使规划更科学、更符合实际"[2]，制定《法治中国建设规划（2020—2025年）》《法治社会建设实施纲要（2020—2025年）》《法治政府建设实施纲要（2021—2025年）》，一体化推进法治国家、法治政府、法治社会建设，由此我国法治建设进入法治规划的新时代。

---

[1] 江必新，黄明慧. 习近平法治思想基本特征刍论［J］. 中南大学学报（社会科学版），2021（1）：1-17.

[2] 习近平. 论坚持全面依法治国［M］. 北京：中央文献出版社，2020：232.

第三，协调性。

在领导推进全面依法治国的道路中坚持内在的协调性，充分发挥党在全面依法治国中总揽全局、协调各方的领导核心作用，提出坚持符合国情和遵循规律相统一、坚持顶层设计和基层探索相结合、坚持全面推进与重点突破相结合、坚持问题导向和目标导向相统一、坚持专业力量和社会力量相结合、坚持科技创新和制度创新相融合等实施策略[1]，使全面依法治国各要素之间形成相互协同的作用，形成全面依法治国整体性功能。党的十八届四中全会、党的十九大报告也专门对推进新时代全面依法治国提出了新任务新要求。党的十九大之后，中共中央专门组建了中央全面依法治国委员会，加强党对全面依法治国的集中统一领导，统筹推进全面依法治国工作。党的二十大又对全面依法治国提出了新要求、新部署。

四、从实践之维掌握习近平法治思想的理论特质

习近平法治思想的一个显著特点在于不是就法治论法治，而是把法治问题放到建设中国特色社会主义事业的战略全局中来加以思考和把握，凸显了实践的特征。

第一，体现了中国式现代化和国家治理的逻辑统一。

实现法治现代化是社会主要矛盾发生变化进而对国家治理提出的新要求。这就意味着，国家必须围绕满足人民日益增长的美好生活需要、解决发展中的不平衡和不充分问题做出必要的制度安排和治理方式革新。从更微观的层面看，社会基本矛盾变化需要当下中国的法律制度体系以及法治运作方式做出全方位的调整和深刻的变革，而这种调整和变革的目标就是实现法治现代化。国家治理体系更加突显"治理"的行动功能，强调经济治理、政治治理、文化治理、社会治理、生态治理以及全球治理的制度

---

[1] 黄文艺. 习近平法治思想原创性贡献论纲[J]. 交大法学，2022（4）：5—20.

化、法治化和现代化。习近平法治思想着眼于建设社会主义法治国家，深刻回答了在党的领导下如何运用宪法和法治保障和推进中国特色社会主义根本制度、基本制度、重要制度建设等一系列重大问题，明确提出了坚持在法治轨道上推进国家治理体系和治理能力现代化的战略任务，是习近平新时代中国特色社会主义思想制度逻辑在法治制度方面的集中体现，是我们坚定中国特色社会主义制度自信的重要支撑。

第二，体现了法治理论和法治实践的逻辑统一。

世界上不存在定于一尊的法治模式，也不存在放之四海而皆准的法治道路。走什么样的法治道路、建设什么样的法治体系，是由一个国家的基本国情决定的。习近平总书记指出："具体讲我国法治建设的成就，大大小小可以列举出十几条、几十条，但归结起来就是开辟了中国特色社会主义法治道路这一条。"[①] 中国特色社会主义法治道路，是社会主义法治建设成就和经验的集中体现，是建设社会主义法治国家的唯一正确道路。法治体系新范畴的提出，标志着作为法律规范体系的法律体系同作为法治运行体系的法治体系清晰区分开来，法治体系则成为一个描述一国法治运作规范化有序化程度，表征法治运作各个环节彼此衔接、协同高效状态的范畴。[②] 习近平法治思想从法治运行体制机制的角度，原创性地将中国法治体系的结构分解为法律规范体系、法治实施体系、法治监督体系、法治保障体系、党内法规体系五个子体系，将中国法治结构划分为依规治党和依法治国两个重要方面，从中国法治现实出发创造性地把执政党的党内法规体系纳入法治体系。

第三，体现了法治运行和法治效果的逻辑统一。

习近平法治思想将科学立法、严格执法、公正司法、全民守法四大关

---

① 习近平. 论坚持全面依法治国 [M]. 北京：中央文献出版社，2020：105.
② 徐显明. 论坚持建设中国特色社会主义法治体系 [J]. 中国法律评论，2021（2）：1—13.

键环节作为全面依法治国重点任务。将良善的立法环节作为法治运行的起始环节。在执法和司法过程中，坚持政治效果、社会效果、法律效果相统一，努力让人民群众在每一个司法案件中感受到公平正义。法治实施要达到良好的法治效果，既要以事实为根据、以法律为准绳，又要注重人民群众的切身感受，经得起人民群众评价，努力使尊法学法守法用法在全社会蔚然成风。

五、从价值之维筑牢习近平法治思想的法治信仰

第一，充分认识法治对国家社会发展的稳定作用。

建设现代化的国家，内在地蕴含着法律生活领域的现代化。关于法治作为治国理政基本方式对国家生活和社会生活各个领域发挥引领规范功能的过程，习近平总书记用"固根本、稳预期、利长远"九个字给出了一个科学而简明的答案，有助于全社会更好地理解法治的重要性。"固根本"，是指法治通过确立国家的根本制度、基本制度、重要制度，并将这些制度转化为具有强制力、执行力的法律规范，确保国家根基稳固、国家政权稳定。"稳预期"，是指法治通过确立起完备的行为规范体系，使社会成员知道自己和他人如何行为，从而对未来形成稳定的预期。"利长远"，是指法治通过提供一整套有长远考虑、长期适用的制度，保障社会长远利益、子孙后代利益，确保社会可持续发展、国家长治久安。

第二，充分认识法治促进社会经济发展的作用。

中国特色社会主义进入新时代，社会主要矛盾已经转化为人民日益增长的美好生活需要和不平衡不充分的发展之间的矛盾。解决这一矛盾的有效方式是经济的全面发展。作为社会长期稳定的基石，法治天然具有可预期性。基于规则认同与法律程序，法治能够规范权力运行、依法保障权利，守护公平正义这条生命线。在可预期的法治化环境中，市场主体对行为决策更有预见性，从事创新创造活动也更有动力和信心。人类社会发展

的历史表明，科技创新能够提高社会生产力发展水平，从而为经济发展注入新的动能。只有切实发挥科技创新的积极作用，才能更好地满足人民日益增长的美好生活需要，最终实现人的全面发展和社会的全面进步。

第三，充分认识法治促进社会公平正义的价值。

平等是社会主义的本质要求，中国共产党带领中国人民进行革命、建设和改革的一切行动，就是在践行消灭一切剥削和阶级，实现生产资料公有制，使人民当家作主的无产阶级平等要求。经过改革开放 40 多年的发展，人民生活水平显著提高，需求也呈现多样化特点，人民不仅对物质文化提出要求，在民主、法治、公平、正义、安全和环境等方面也提出了新的需要，客观上要求更加重视人民的公共参与和法治保障，更加重视保障权利公平和机会公平，更加重视人的全面发展和社会全面进步。习近平法治思想坚持以人民为中心的发展思想，把增进人民福祉、促进人的全面发展作为发展的出发点和落脚点，在法治的维度增进和统一人们对公平正义的认识，让人民群众在每一个司法案件中感受到公平正义，从而实现形式正义和实质正义相统一。

参考文献：

[1] 习近平. 习近平谈治国理政（第四卷）[M]. 北京：外文出版社，2022.

[2] 习近平. 习近平谈治国理政（第三卷）[M]. 北京：外文出版社，2020.

[3] 中共中央文献研究室. 习近平关于全面依法治国论述摘编[M]. 北京：中央文献出版社，2015.

中华优秀传统文化融入课程教学路径研究
——以四川大学文化科技协同创新研发中心教学实践为例[*]

唐丽媛

(四川大学文化科技协同创新研发中心)

摘　要：马克思主义同中华优秀传统文化相结合，传承中华优秀传统文化，是学习贯彻党的二十大精神的明确要求。将中华优秀传统文化融入课程教学，是高等学校的历史使命。在"三全育人"精神的指导下，我们应当努力探索多渠道的优秀传统文化融入途径，构建多元化的融入体系。将中华优秀传统文化融入大学生创新教育，同时充分发掘资源，通过学生社团等形式开展第二课堂教育，是行之有效的途径。

关键词：传统文化；三全育人；创新教育；第二课堂

党的二十大报告提出了教育、科技、人才是全面建设社会主义现代化国家的基础性、战略性支撑，也揭示了青年工作在党和国家事业全局中的战略性地位。高等学校聚集着众多富有朝气和梦想的青年学生，他们的理想信念、精神状态、综合素质是一个民族发展活力的重要体现，是一个国

---

[*] 本研究获四川大学中央高校基本科研业务费项目（2022whkjzy04）支持。

家核心竞争力的重要因素。因此，深入学习贯彻党的二十大精神，推进党的二十大精神"进教材、进课程、进头脑"，对于高校而言尤其重要。研究和探索党的二十大精神"三进"教学和管理工作的有效途径，具有重要的理论和现实意义。

一、中华优秀传统文化融入课程教学是高等学校的历史使命

党的二十大报告指出，坚持和发展马克思主义，必须同中国具体实际相结合、同中华优秀传统文化相结合。"两个结合"是对马克思主义中国化时代化进程的经验总结和规律揭示。党的十八大以来，党中央一直鲜明强调要坚定文化自信，做出推动中华优秀传统文化创造性转化、创新性发展的一系列重大决策。党的二十大报告中要求"传承中华优秀传统文化"。中华民族五千多年文明历史所孕育的中华优秀传统文化，沉淀着中华民族最深层的精神追求，代表着中华民族独特的精神标识，铸就着中华民族持久而强大的凝聚力和向心力，滋养着当代中国的发展进步，是我们保持文化自信的深厚基础和坚强基石。

党的二十大报告指出，育人的根本在于立德。立德树人的根本任务是要培养德智体美劳全面发展的社会主义建设者和接班人。社会主义核心价值观与中华优秀传统文化一脉相承，中华优秀传统文化在大学生德育工作中发挥着不可替代的当代价值。将中华优秀传统文化融入课程教学，是贯彻党的二十大精神的必然要求，也是高等学校的历史使命。通过大学思政课程直接宣讲中华优秀传统文化是传统文化融入课程教学的主要途径，它具有内容充实、针对性强等优点。与此同时，在"三全育人"精神的指导下，我们应当努力探索多渠道的中华优秀传统文化融入途径，构建多元化的融入体系。

二、中华优秀传统文化融入大学生创新教育

（一）中华优秀传统文化教育与创新教育相辅相成

中华优秀传统文化教育与当代大学生创新教育在目标上是相互融合的，在教育价值体现上是一致的。将优秀传统文化渗透到大学生的创新教育中，不但可以将优秀传统文化发扬光大，还能够使大学生将优秀传统文化中蕴含的精神和知识运用到实际中，更好地适应时代发展。[①] 将优秀传统文化融入大学生创新教育课堂中，既可以培养大学生的创新精神，还可以提高大学生的创造能力。

中华优秀传统文化教育有助于大学生道德素质的养成。中华优秀传统文化高度重视理想信念对于品格养成的决定性作用。[②] 中华优秀传统文化蕴含的家国情怀，弘扬的守诚信、崇正义、讲奉献等价值观，也是现代商业社会的基石。将优秀传统文化融入创新教育中，将有助于提高当代大学生的道德素质，指引大学生创新教育的价值方向。学生通过在创新教育课堂中接受德育，可以培养其道德情感，使之成为一个善良有爱的人。[③] 这种个体道德素质的提高有助于良好社会风气的形成，从而也实现了中华优秀传统文化的继承和弘扬。

中华优秀传统文化教育有助于大学生抗挫折能力的培养。中华优秀传统文化中丰富的哲学思想、人文精神、价值理念、道德规范等，蕴藏着解决现代人面临难题的重要启示，可以为人们认识和改造世界提供启迪。创

[①] 殷艳. 工匠精神培育视角下传统文化在大学生创新创业能力培育中的渗透 [J]. 经济师，2022（5）：168—169.

[②] 王林. 优秀传统文化与大学生创新创业品格的养成 [J]. 鄂州大学学报，2022（1）：30—33.

[③] 刘莎. 传统文化对大学生创新创业教育的价值、影响及对策研究 [J]. 兰州石化职业技术学院学报，2019（1）：38—41.

新创业并非一件容易的事，缺少社会经验的在校生或刚毕业的大学生在创新创业的初期必然会遇到很多困难，学校的创新教育课程中融入中华优秀传统文化，有利于丰富学生个体的精神境界，培养大学生坚持不懈、吃苦耐劳的精神和对抗挫折的勇气。

中华优秀传统文化为创新教育提供直接资源。文化资源本身蕴涵着商机，传统文化、传统工艺融入产品设计取得巨大成功的案例已经屡见不鲜。传统文化资源的发掘，促进创业者研发新的产品，探索新的业态，创造新的模式，积极推进跨界的融合。高校创新教育与中华优秀传统文化的融合，形成新的文化传承模式，中华优秀传统文化在商品经济的实践中具备了不可或缺的实体含义，提升了现代化内涵，更具时代性和实用性。

（二）"文化科技创新与创业"课程建设

鉴于创新教育课程对高校学生的重要意义，四川大学文化科技协同创新研发中心特开设校级公选课"文化科技创新与创业"。课程带领学生系统认识和理解文化资源尤其是中华优秀传统文化资源的内涵、特质、分类及现状等，并结合文化资源开发利用的成功案例，培养其自觉运用新方法、新手段实现文化资源开发与利用的技能，由此达到既激活传统文化的内在价值，又为当今及未来的文化科技创新提供知识储备的目标。

教学内容主要包括"传统文化资源的梳理与开发路径""文化与科技融合机制与结合路径之探索、升华""创新思维的训练与创新能力的培养""创业资源与创业风险""创业项目与创业计划"等。在"传统文化资源开发"模块，穿插讨论艺术资源、建筑资源、文学资源、军事资源、旅游（民俗）资源、旅游（红色）资源的发掘及其与科技的联动。以开放性、启发式的课程设计促进多学科的交叉融合，帮助在校学生更好地完善自身的知识体系，提升个人的综合素质。教师在具体的教学中要注重教学方法的多样性，如模块化、项目化教学等，引导学生分析典型创新实践案例，灵活运用无领导小组、头脑风暴、情境角色扮演等学习方法。

该课程累计已有近千名本科生选修，从课堂教学和期末测评反馈的情况来看，对中华优秀传统文化资源的系统梳理，以及将其与现代科技手段结合的路径探索，能够培养学生对中华优秀传统文化的亲切度和熟悉感，提升学生基于本土文化逻辑的创新能力，继而增强学生内在的文化认同与文化自信。课程中红色资源开发与利用的专题，则能够达到课程思政效果。

三、开拓传统文化与科技结合的"第二课堂"

文化的传承不仅包括性格、观念的传承，还包括科技、工艺的传承。传统工艺是中华优秀传统文化的活态实践和物质表现，蕴含着中华文化的魅力，具有深层文化意蕴和当代价值。结合师资条件和学生兴趣，四川大学文化科技协同创新研发中心指导成立了学生学术型社团"科技史研习社"。该社团以传统文化、传统工艺、传统科技为研学对象，不仅学习某一学科或问题的研究历程、思考和实验的方式，更致力于以史为鉴，探究所研究对象未来的发展和应用。导师在指导开展该社团活动时，引导学生体悟传统文化中的工匠精神、创新精神，培养爱国情感，提升创新创业能力。

科技史研习社活动多样，形式丰富，经过几年发展，社团固定会员人数已稳定在一个比较合理的范围之内，突出"小而精""学而研"的特色，并逐渐形成若干特色模块，辐射全校。

1. 艺术中的科技史系列讲座

该系列讲座探讨以鸟类绘本为载体的鸟类研究方式变革、科学和美学的结合，旨在为研究技术发展对科研方式的促进、探索科学研究与人伦道德的平衡点提供思路。

2. 印刷术发展史介绍及体验活动

该活动主要介绍中西方的印刷术发展历史，比较木刻、铜刻、凹版、凸版等印刷方式的优缺点。活动现场展示使用传统工艺印刷的书籍、年画、绘本等，带领学生亲手体验木刻印刷的操作过程，感悟印刷术的应用场景体现的文化特色，提高学生的动手能力和审美素养。学生通过对印刷术与文化发展传播之间相互促进的关系进行讨论，增强文化自信。该活动已通过"第二课堂成绩单"项目申报。

3. 中国传统建筑的智与美

该活动介绍中国古代建筑的分类和组成、文化渊源及榫卯工艺，以期增强学生的文化素养，锻炼其空间思维能力。社团在活动现场提供材料，让学生以小组合作形式进行古建筑模型拼接，亲身体验中国传统建筑中各部分的结构，提升学生对于中国古代建筑特色的了解，提高学生的空间思维能力及动手能力。该活动已通过"第二课堂成绩单"项目申报。

4. 可触文字——立体书

该活动邀请教师介绍手工书的发展历程及其种类，欣赏经典作品。社团成员亲手翻阅并制作手工书，感受手工书的类型和原理。同时，在教师的启发下，视团成员思考手工书的延伸应用情景，例如将其作为大创比赛中的一种内容承载形式。

5. 锦绣千年——走进蜀锦博物馆

该活动组织成员赴蜀锦博物馆参观学习，在讲解员的带领下了解蜀绣、蜀锦各自的特点及兴衰演变，思考其背后的数学、美学原理，体悟手工艺品承载的巴蜀文化。

6. 江安校区校园植物考

该活动通过组织新生开展校园游，邀请专业教师带领其观察校园里的动植物，学习动植物的生长习性及其与文化的关联。

7. 同谈文创，共盼春来

该活动通过与兄弟院校学生社团进行联动，探讨文化产业的发展现状、发展动力以及提升文化自信的途径。

学术型学生社团在丰富与深化课堂教学，汇聚学科交叉资源，培养创新意识和实践能力、研究能力等方面发挥着巨大的作用。通过开展社团活动，可以鼓励学生将专业学习、个人兴趣爱好、课外学术研究结合在一起，实现第二课堂对第一课堂的反哺。

四、结语

在"三全育人"大格局指引下，中华优秀传统文化融入课程教学存在多种途径。做好课程建设，将中华优秀传统文化融入大学生创新教育课程，是行之有效的方法之一。同时，高校应充分发掘资源，通过学生社团等形式开展第二课堂活动，引导学生思考中西方文化的差异，处理好经验主义和科学精神的关系，助力学生学习效能的提升，实现第二课堂与第一课堂联动。

"习近平法治思想概论"课程体系构建的思考与实践

邵 燕

(四川大学法学院)

摘 要：党的二十大报告强调，必须坚持把马克思主义基本原理同中国具体实际相结合、同中华优秀传统文化相结合。习近平法治思想是"两个结合"在法治领域的具体体现，是马克思主义法治理论中国化的最新成果，是中国特色社会主义法治理论的重大创新发展。"习近平法治思想概论"课程建设是实现新时代法治人才培养目标的关键一环。四川大学法学院是全国最早开设"习近平法治思想概论"课程的院校之一，是该课程体系构建和教学实践的先行者，获教育部官方网站肯定性报道。本文基于习近平法治思想研究的最新成果，以及三年的教学实践，就该课程的课程定位、体系建设、教学方法等系列问题进行梳理和探讨，以助力我校一流法学本科建设。

关键词：党的二十大报告；习近平法治思想概论；课程体系构建

党的二十大报告明确做出了坚持全面依法治国，推进法治中国建设的重大战略部署，深刻阐述了开辟马克思主义中国化时代化新境界这一重大命题，强调必须坚持把马克思主义基本原理同中国具体实际相结合、同中华优秀传统文化相结合。习近平法治思想是"两个结合"在法治领域的具体体现，是马克思主义法治理论中国化的最新成果，是中国特色社会主义法治理论的重大创新发展。高等学校是培养法治人才的第一阵地，是贯彻习近平法治思想的重要阵地，是习近平法治思想研究阐释的重要力量。2021年5月19日，教育部办公厅印发《关于推进习近平法治思想纳入高校法治理论教学体系的通知》（教高厅〔2021〕17号），要求"于2021年秋季学期面向法学专业本科生开设'习近平法治思想概论'课程"，并要求"开展面向全体学生的习近平法治思想学习教育"，可见"习近平法治思想概论"课程建设是实现新时代法治人才培养目标的关键一环。四川大学法学院（简称"我院"）是全国最早开设"习近平法治思想概论"课程的院校之一，已在2020级、2021级和2022级本科、硕士和博士生中开设本课程，是该课程体系构建和教学实践的先行者，获教育部官方网站肯定性报道。[1] 作为课程的主讲人之一，笔者认为有必要基于习近平法治思想研究的最新成果，以及三年的教学实践，就该课程的课程定位、体系建设、教学方法系列问题进行梳理和探讨，以助力我校一流法学本科建设。

一、明确"习近平法治思想概论"课程性质与教学目标的双重定位

法学教指委新修订的《法学类专业教学质量国家标准（2021年版）》中，法学专业（0301）课程设置采取了"习近平法治思想概论"＋学科基础课＋专业核心课的"1＋10＋X"模式。[2] "1"即指"习近平法治思想概

---

[1] 四川大学大力推进法治工作和法治人才培养[EB/OL].（2021-8-5）[2023-3-2]. http://www.moe.gov.cn/jyb_xwfb/s6192/s133/s208/202108/t20210806_549394.html.

[2] 法学类教学质量国家标准（2021年版）[EB/OL].（2022-6-27）[2023-3-2]. https://renwen.jxau.edu.cn/9b/82/c9629a105346/page.htm.

论"课程，明确了习近平法治思想对于其他专业课程具有统摄和指导意义。具体表现为课程性质定位上的双重性，以及教学目标定位的双重性。

（一）法学专业核心课和政治素养课的双重课程性质

随着我国改革开放的持续有效推进，西方所鼓吹的"宪政民主""三权鼎立""司法独立"等错误观点开始流传，新时代背景下法学教育的重要任务是从教育根源厘清错误思想，筑牢以"党的领导、人民当家作主、依法治国有机统一"等为核心内容的中国特色社会主义法治理论，坚定信念。习近平总书记曾深刻指出："每一种法治形态背后都有一套政治理论，每一种法治模式当中都有一种政治逻辑，每一条法治道路底下都有一种政治立场。"① "习近平法治思想概论"课程，应教会学生从政治视角审视法治问题，剖析西方错误法治理论的根源，深刻理解中国特色社会主义法治背后的政治优势，并以此为基础深刻阐明全面依法治国的政治方向、政治保障、政治要求等。由此可见，"习近平法治思想概论"不仅仅是一门法治素养培育课，也是一门政治素养提升课。② 在课程定位上，应该明确其专业核心课和思政课的双重性质。

（二）培养法学人才与树立正确法治理念的双重教学目标

"习近平法治思想概论"作为法学专业核心课和政治素养课的双重课程性质，决定了教学过程应该坚持政治性与学理性统一。教学目标上，一方面是讲透习近平法治思想。习近平法治思想是一个内涵丰富、论述深刻、逻辑严密、系统完备的科学理论体系，包含法治的基本原理、中国特

---

① 中共中央文献研究室. 习近平关于全面依法治国论述摘编［M］. 北京：中央文献出版社，2015：34.
② 段中卫. "习近平法治思想概论"课程建设的思考［EB/OL］.（2022－3－1）［2023－3－2］. https://www.cssn.cn/skgz/bwyc/202208/t20220803_5466701.shtml.

色社会主义法治的基本理论、全面依法治国的基本观点。另一方面，要通过课程的教学工作，守好思想理论阵地、立德树人阵地、明法笃行阵地，全面提升大学生对法治领域意识形态问题的政治辨别力、政治领悟力，显著增强大学生对中国特色社会主义法治道路的政治定力、政治自信，进而有力维护国家政治安全。应帮助法学专业学生树立正确的法治立场、观点和方法，培养学生对中国特色社会主义法治理论的兴趣，激发学生投身法治中国建设的热情，将所学理论运用到解决中国问题的实践当中去。

二、做好"习近平法治思想概论"课程体系建设

我院"习近平法治思想概论"课程教研组立足国内习近平法治思想课程教研现状，抓住本课程既是专业核心课又是政治素养课的独特性质，通过前期的实践和反馈，结合四川大学实际情况，创造性地构建习近平法治思想课程体系。教研组坚持课程思政与思政课程融合、所有专业与所有层次学生贯通、指定教材与自编教辅相得益彰、思想引领与教学相长并举，进行了深度的研究、改革与实践，基本实现了习近平法治思想"进教材""进课堂""进头脑""进法治实践"的教学目标。

（一）以马工程重点教材《习近平法治思想概论》为纲

"习近平法治思想概论"在课程体系上以马工程重点教材《习近平法治思想概论》这部"举全国法学界之力精心编写的重点教材"[①] 为纲，教学内容上涵盖习近平法治思想的重大意义、核心要义、科学方法三大板块。

---

① 张文显. 如何讲好《习近平法治思想概论》[J]. 中国大学教学，2021（9）：4−11.

1. 习近平法治思想的重大意义板块①

在教学上分别从中国法律文化发展史、马克思主义法治理论发展史、马克思主义法治理论中国化发展史，以及中国特色社会主义法治理论的发展史等四个角度，阐释习近平法治思想是对"以民为本""德主刑辅"等中华法律文化精华的继承与超越，开辟了马克思主义法治理论新境界，实现了马克思主义法治理论与当代中国实际的新结合，开辟了马克思主义法治理论中国化新境界，提出并发展了中国特色社会主义法治理论中有关法治体系、法治道路的科学内涵，为新时代全面推进依法治国提供了理论指引和实践依据。

在课程中引导学生深刻认识国情、党情和世情决定法情，把新时代法治建设面临的有利条件和突出问题讲深讲透。②

2. 习近平法治思想的核心要义板块③

教学内容集中体现为习近平总书记在中央全面依法治国工作会议上明确提出并深刻阐述的"十一个坚持"。这"十一个坚持"，既是重大工作部署，又是重大战略思想。要阐明每一个"坚持"所蕴含的时代精神、理论精髓、实践精义以及各个"坚持"之间的逻辑关联。

在课程教学中，要引导学生深刻理解习近平法治思想对马克思主义法治理论、毛泽东思想法治理论和中国特色社会主义法治理论的创造性发展和原创性贡献，对全面依法治国、建设法治中国的战略谋划和科学部署。

---

① 《习近平法治思想概论》编写组. 习近平法治思想概论[M]. 北京：高等教育出版社，2021：19.
② 中共中央文献研究室. 习近平关于全面依法治国论述摘编[M]. 北京：中央文献出版社，2015：34.
③ 《习近平法治思想概论》编写组. 习近平法治思想概论[M]. 北京：高等教育出版社，2021：75.

3. 习近平法治思想的科学方法板块①

在教学内容上着力阐释习近平法治思想是马克思主义立场、观点和方法的有机统一，尤其是政治和法治、改革和法治、发展和安全、依法治国和以德治国、依法治国和依规治党等重大关系，通过教学生动体现出习近平法治思想的时代精神、实践导向和法理智慧的政治思维、法治思维、系统思维、辩证思维、战略思维等，实现法治认识论、方法论、价值论的历史性飞跃。

在该板块的教学工作中，要引导学生自觉抵制各种错误观点和错误思潮，增强科学思维能力，坚持法治战略思维，把握法治系统思维，提高法治思维能力，提高分析复杂现象和处理复杂问题的能力。

（二）以"十一个坚持"为教学主线

我院在教学实践中以"十一个坚持"为教学主线，通过十一个专题形式的讲授，帮助学生及时、准确地把握习近平法治思想的核心内容。围绕"什么是全面依法治国、为什么要实行全面依法治国、怎么样实行全面依法治国、如何保障全面依法治国实行"这一逻辑主线开展教学设计。在这条逻辑主线下，一是要从学理角度对"十一个坚持"背后的政治逻辑以及所对应的政治主题予以深刻阐释；二是要把"十一个坚持"彼此之间的理论联系与逻辑关系讲清楚；三是要依据唯物辩证法的基本原理把政治与法治、改革与法治、德治与法治以及依法治国和依规治党之间的辩证统一关系讲清楚。

三、组建专门教学团队、探索专业教学方法

习近平法治思想的科学定位和重大意义决定了讲授"习近平法治思想

---

① 《习近平法治思想概论》编写组. 习近平法治思想概论[M]. 北京：高等教育出版社，2021：255.

概论"必定是一项重要的教学活动和崇高的政治任务。以党的二十大报告作为"习近平法治思想概论"的讲述框架，对授课教师和教学方法都有严格要求，因此组建专门的教学团队、探索专业的教学方法至关重要。

（一）组建专门教学团队

我院由书记牵头、院长领衔，在全国率先组建专业性和政治素养高度融合的教学科研团队。教学团队坚持正确的政治方向、学术导向、价值取向开展课程讲授。

经过反复研讨，团队采取"分项科研、集体备课、专题讲授"的教学模式。通过8项校级专项科研课题，不断强化习近平法治思想的研究和阐释。教学科研阶段性成果获批四川省教育厅2021—2023年高等教育教学改革重点项目，通过课程建设推进方案重点项目，深入推进课程的教学改革，切实提高教学质量。教学团队成员达到了张文显教授提出的"深刻理解《习近平法治思想概论》的编写思路和鲜明特征，全面把握《习近平法治思想概论》的体例结构和教学目标，深入领悟'两个相结合'的精髓与范例，善于运用历史和现实相贯通、国际和国内相关联、理论和实际相结合的教学方法，着力讲解习近平法治思想的政理、法理、哲理"的教学要求。[1]

（二）探索专业教学方法

1. 着力运用"三结合"的教学方法

党的十八大以来，以习近平同志为核心的党中央在推进全面依法治国的伟大实践中，从历史和现实相贯通、国际和国内相关联、理论和实际相

---

[1] 中共中央文献研究室. 习近平关于全面依法治国论述摘编[M]. 北京：中央文献出版社，2015：34.

结合上，提出了一系列全面依法治国新理念新思想新战略，创立了习近平法治思想。所以历史和现实相贯通、国际和国内相关联、理论和实际相结合，既是习近平法治思想形成发展的科学方法，也是习近平法治思想的内在逻辑。要讲清、讲透、讲活习近平法治思想，也需要遵循同样的方法和逻辑。

2. 重点讲解习近平法治思想的政理、法理、哲理

中国法治发展具有鲜明的中国特色，要将习近平法治思想的深邃理论与中国法治的生动实践紧密结合，重点讲清楚习近平法治思想的政理、法理、哲理。此外，习近平法治思想的魅力和力量还体现在"习语""习典"中。研习"习语""习典"的魅力，可以引导学生有效处理好《习近平法治思想概论》与原著原文的关系，从而全方位、深层次理解习近平法治思想的政理、法理、哲理。

3. 创新多元教学模式

除了传统理论解析方法，各教学专题根据教学内容采用案例教学、模拟法庭、案例研讨、价值辨析等多种教学方法，同时引真实法治案例入课堂教学，注重学生法治思维能力的训练。通过加强对微视频、慕课等资源的使用，通过实地参访、与学生深入交流、翻转课堂等教学方法，保证教学的精准与生动并举，达到内容入心、入脑的教学效果。

（三）探索课程拓展方向

《教育部办公厅关于推进习近平法治思想纳入高校法治理论教学体系的通知》（教高厅函〔2021〕17号）要求各高校开设"习近平法治思想概论"专门课程，一是将其纳入法学专业必修课程，二是鼓励有条件的高校面向全体学生开设相关公共选修课。

在学校教务处的领导与组织下，经过三年的课程建设，法学院实现了

法学专业习近平法治思想课程全覆盖，马克思主义学院完成了"习近平新时代中国特色社会主义思想概论"和"思想道德与法治"两大思想政治理论课作为全校公共基础课程的建设，达到了《四川大学贯彻落实〈教育部关于进一步加强高等学校法治工作的意见〉实施方案》提出的"由教务处、马克思主义学院和法学院牵头，将习近平法治思想作为法学专业必修课和将宪法精神和法治教育全面融入思想政治理论课等教学全过程"目标，也为继续落实教高厅函〔2021〕17号文件提出的"面向全体学生开设相关公共选修课"打下了坚实基础。

接下来，课程组将继续探索将"习近平法治思想概论"课程纳入全校公共选修课的可行性。即基于前期的实践和反馈，结合四川大学实际情况，创造性地构建跨学科的习近平法治思想课程体系，坚持课程思政与思政课程融合、所有专业与所有层次学生贯通、指定教材与自编教辅相得益彰、思想引领与教学相长并举，进一步展开研究与实践，以期全面落实、落细中央精神和教育部要求，实现习近平法治思想"进课堂""进教材""进头脑""进法治实践"。

参考文献

[1] 习近平. 思政课是落实立德树人根本任务的关键课程［M］. 北京：人民出版社，2020.

[2] 习近平. 论党的宣传思想工作［M］. 北京：中央文献出版社，2020.

[3]《习近平法治思想概论》编写组. 习近平法治思想概论［M］. 北京：高等教育出版社，2021.

[4] 中央宣传部，中央依法治国办. 习近平法治思想学习纲要［M］. 北京：人民出版社，学习出版社，2021.

党的二十大精神融入法律职业伦理教育的方法与路径[*]

杨小凤

（四川大学法学院）

摘　要：法律职业伦理教育作为培养"德才兼备"的法治人才的重要途径，对提高学生的法律职业素养，引导学生树立正确的价值取向具有重要意义。推进党的二十大精神融入法律职业伦理教育，应当明确教学目标，通过加快教材建设、推动教学模式改革、加强学术研究、促进理论研究向实践教学转化等方面的工作，充分调动学生的学习积极性，切实提升法律职业伦理教育的人才培养成效。

关键词：党的二十大精神；法律职业伦理；法治人才培养

---

[*] 本文为四川大学落实党的二十大精神"三进"教学改革研究专项课题"二十大精神融入法律职业伦理教育的方法与路径"（SCUSJ03）研究成果。

一、党的二十大精神融入法律职业伦理教育的内在逻辑

（一）响应课程思政要求

2023年2月26日，中共中央办公厅、国务院办公厅印发《关于加强新时代法学教育和法学理论研究的意见》，明确提出要把思想政治工作贯穿法学教育教学全过程，加强理想信念教育和社会主义核心价值观教育，深入推进法学专业课程思政建设。[①] 作为法学专业核心课程之一，法律职业伦理教育重点强调"德"育，在提高学生的道德修养，培养坚定的理想信念，塑造正确的世界观、人生观、价值观等方面有着不可替代的作用。法律职业伦理课程作为法学课程教育中的"思政课"[②]，承担着培养专业能力过关和政治素养过硬的双重教学任务，因此，必须坚持把立德树人作为课程教育的根本任务，把思想政治工作贯穿教育教学全过程，积极响应课程思政建设要求。

（二）契合课程教育理念

党的二十大精神与法律职业伦理教育理念高度一致，均具有立德树人的重要理念。习近平总书记强调，全面推进依法治国，建设一支德才兼备的高素质法治队伍至关重要。[③] 法治队伍的德才兼备来源于法治人才培养过程中的德法兼修。[④] 法律职业伦理教育作为培养"德法兼修"的高素质法治人才的重要方式和途径，具有塑造合格法律人的重要作用。与其他法

[①] 中办国办印发《关于加强新时代法学教育和法学理论研究的意见》[N]. 人民日报，2023-02-27（1）.

[②] 彭光明，季聪聪. 纵向贯通：思政教育与法律职业伦理教育融合建设 [J]. 河北科技大学学报（社会科学版），2022，22（2）：70—75，86.

[③] 习近平. 加快建设社会主义法治国家 [J]. 求是，2015（1）：3—8.

[④] 孟庆瑜，黄博涵. 高等院校法学专业课程思政建设的思考 [J]. 河北经贸大学学报（综合版），2022，22（3）：37—41，53.

学专业课程相比，法律职业伦理教育在伦理道德、核心价值观与基本正义观、思政教育方面渗透能力更强，更容易在法学教育中实现建设德才兼备的高素质法治队伍的目标。将党的二十大精神融入法律职业伦理教育，不仅是推动党的二十大精神"进教材、进课堂、进头脑"的现实需要，更是将法学生培养成"有理想、敢担当、能吃苦、肯奋斗的新时代好青年"，最终成为中国特色社会主义法治体系的建设者和接班人的必然要求。

（三）突出课程本质属性

2017年，习近平总书记在中国政法大学考察时强调，法学教育要坚持立德树人，不仅要提高学生的法学知识水平，而且要培养学生的思想道德素养。[①] 不同于一般的法学专业知识与技能的传授，法律职业伦理教育注重提高学生的思想政治意识，引导学生树立正确的职业观、人生观，属于一种思想道德修养的内化教育，极具特殊性。[②] 一方面，法律职业伦理教育作为法学专业落实立德树人根本任务的关键课程，是建设法治国家的伦理基础，是推进法治建设的重要支撑。通过法律职业伦理教育，可帮助学生形成对国家法治和法律职业的基本认识和理解，培养未来法律职业者的依法治国观念，了解法律职业的神圣使命。法学生只有具备基本的政治素养和法治信仰，才能成为坚定的法治践行者和维护者，最终成为中国特色社会主义法治体系的建设者和接班人。另一方面，法律职业伦理教育能对法学生进行正确的价值观塑造和意识形态的引导，在培养"德法兼修"的法治人才的过程中，帮助学生树立正确的法律职业伦理意识，提高法律职业者的职业道德素养和职业道德判断力，使学生在将来执业过程中自觉规范自身行为，增强社会责任感，从而保障社会的公平正义。通过法律职

---

① 习近平. 论坚持全面依法治国［M］. 北京：中央文献出版社，2020：179.
② 廖永安，刘浅哲. 论新时代法律职业伦理教育的内在价值、关键目标及内容构造［J］. 法学教育研究，2022，37（2）：93-112.

业伦理教育，可帮助学生更加深刻地认识到，法律职业者"一定要有法律的道德，才有资格来执行法律"[①]。

二、党的二十大精神融入法律职业伦理教育的主要内容

（一）明确教学目标，注重学生价值引领

2018年，教育部、中央政法委联合印发《关于坚持德法兼修实施卓越法治人才教育培养计划2.0的意见》，明确提出要加大学生法律职业伦理培养力度，实现法律职业伦理教育贯穿法治人才培养全过程。课程既要传授专业知识，又要注重价值引领，传递向上向善的正能量。法律职业伦理课程作为法学教育中的思政课程，应当注重培养学生的思想道德素养，着重强调法科学生的法律职业伦理和道德素养，落实习近平总书记关于教育的论述，满足新时代对培养"德法兼修"的高素质法治人才的客观需求。因此，法律职业伦理课程的教学目标，一方面要注重提升学生的专业知识和技能素养，另一方面要注重培养学生的职业道德素养和职业道德判断力，给予学生更为宽广的思维视角，帮助学生形成正确的世界观、人生观和价值观，培养具有社会担当的优秀法治人才。

（二）优化教学内容，确定党的二十大精神融入点

在教学内容的优化上，围绕法治人才培养和德才兼备的法治工作队伍建设等方面，找准法律职业伦理与党的二十大精神的融合点，将党的二十大精神贯穿于教学全过程、全内容。例如，在对律师、法官、检察官、公证员、仲裁员以及行政执法人员的职业介绍过程中，融入法治理念、职业性质、执业行为规范等内容，使学生在适宜的教学环境中深入学习党的二

[①] 孙晓楼. 法律教育 [M]. 北京：中国政法大学出版社，1997：17.

十大精神指导下的法律职业伦理建设、法学院思想政治改革,"坚持建设德才兼备的高素质法治工作队伍"要求下的法治人才建设、法官职业伦理、检察官职业伦理、律师职业伦理等重要内容。学生在学习过程中不仅可以加深对专业知识的理解,而且能够对党的二十大精神有更深入的理解和吸收,从而提高学生的职业道德素养,提升学生的职业认可度。

(三)注重教学成效,切实提高融入效果

在教学过程中,积极加强与学生的互动交流,及时了解学生对课程教学的吸收情况,并根据学生反馈的情况调整教学内容和方式,切实提高教学质量,保障党的二十大精神融入法律职业伦理教育的效果。不同于其他法学基础理论课程,法律职业伦理教育除了理论知识的传授,更注重培养学生分析法律问题和处理职业伦理问题的能力。想要培养高素质法治人才,不在于能够记忆多少法条和经典,而在于能够掌握多少正确运用法律、公正解决纠纷的本领。[①] 因此,将党的二十大精神融入法律职业伦理教育,应当注重课堂效果和教学反馈,以开放式、多元化的教学形式提高法律职业伦理教育的质量,让学生在课堂上听得懂、能领会,真正将法律职业伦理精神内化于心、外化于行,获得法律职业伦理教育的成效。

三、党的二十大精神"三进"体系的路径构建

(一)党的二十大精神"进教材"的体系建设

教材作为知识的载体,不仅是法律职业伦理教学内容和方法的体现,也是培养高素质法治人才的基础保障。习近平总书记指出,我国法学教材体系要"深入研究和解决好为谁教、教什么、教给谁、怎样教的问题",

---

① 王利明. 培养明法厚德的卓越法治人才[J]. 中国高校社会科学,2017(4):10—12.

要"尽快把我国法学学科体系和教材体系建立起来"。[①] 法律职业伦理教材的建设对于培养合格的法治人才至关重要,在教材编写过程中应当遵循三方面的要求。第一,教材应当遵循正确的政治方向、价值导向与学术取向。教材的编写要以落实党的二十大精神为目标,以加强法学生的职业伦理意识为导向,及时反映社会最前沿的研究成果和最新的学术理论,以适应法治人才的培养现状。第二,教材内容要注重体系化的构建、学理化的阐释和学术化的表达。教材应当立足于培养法学生的思想道德素养,着重强调法学生的法律职业伦理和道德素养,使学生深入了解法律职业者执业中所依据的标准、规范,知悉职业行为的界限并予以严格遵守。第三,教材严格遵守法学教材的编写要求和法治人才的培养要求,依据课程教学目标与教学任务,研究知识谱系和结构,将社会主义核心价值观贯穿教材,形成清晰明确的教材内容。

(二) 党的二十大精神"进课堂"的课程规划

应通过课堂理论教学引导学生将党的二十大精神内化于心,培养职业伦理意识。在课堂教学过程中,采用理论学习与案例分析相结合的教学模式,将遵守法律职业伦理的典范与违反职业伦理的行为以案例的形式汇总,在课堂上开展案例教学与讨论,通过建设并不断更新教学案例库,充分调动学生的积极性。通过向学生分享大量的司法实践案例,并设置情境——假如自己是相关的法律从业人员,在执业过程中应当遵循何种职业伦理与道德。同时积极引入全国优秀法官等优秀法律职业者的报告、座谈等社会资源,拓宽学生的思想政治视野,提高学生的思想觉悟和政治认同。通过在课堂上对司法实践案例的探讨,培养学生的伦理推理能力和判断能力,使学生们将法律职业伦理的核心价值内化于心,在未来法律实践

---

① 习近平. 论坚持全面依法治国 [M]. 北京: 中央文献出版社, 2020: 176.

中更好地应对复杂的职业伦理问题。

通过实践教学促使学生将党的二十大精神外化于行，强化职业伦理修养。在实践教学中，同法官、检察官、律师以及其他法律工作者建立长效合作机制，请他们共同参与教学工作，定期到学院开展讲座活动，加强理论教学与实践教学的联系。同时开展模拟法庭与法律诊所教学，通过"沉浸式"接触实践案例的方式，让学生感受到法治实践的魅力，提高学生学习的积极性与主动性；运用启发式教学方式，培养学生作为法律职业者特有的法律感知、法律推理与法律判断能力。通过司法实践，提高学生运用法律职业伦理规则处理各种复杂的法律问题的能力，在学生心中建立起法律职业者所应有的根植于灵魂深处的神圣感、敬畏感和责任感。

（三）党的二十大精神"进头脑"的教学保障

打铁还需自身硬，党的二十大精神"进头脑"的成效，关键在教师。在教师个人层面，只有具备较为扎实的理论功底和较高的学术研究能力，才能准确理解、全面把握党的二十大报告提出的理论创新点，才能更好地把握党的二十大报告各部分内容之间的内在逻辑，才能深刻揭示党的二十大报告中蕴含的精神实质。因此，教师应当夯实科研基础，加强学术研究，促进理论研究向实践教学的转化，切实提升党的二十大精神"三进"的成效。

2023年2月26日，中共中央办公厅、国务院办公厅印发《关于加强新时代法学教育和法学理论研究的意见》，提出要优化法学教师队伍结构，根据课程体系建设要求，形成梯次化法学教师队伍和学术创新团队。在教师团队层面，教师团队应当加强党的二十大报告的理论学习，积极开展相关学术研究，组织撰写教学案例，召开学术研讨会，明确党的二十大精神融入法学教育的理念和途径，加大课程改革力度，积极打造理论实践相结合的教学模式，促进党的二十大精神在理论与实践相统一的过程中得以全面推进。

四、结语

加强法律职业伦理教育是新时代培养"德才兼备"的法治人才、全面贯彻党的二十大精神的必然要求。推进党的二十大精神"进教材、进课堂、进头脑",必须将党的二十大精神贯穿于教学的全过程、全内容,充分发挥法律职业伦理教育的引导作用,加快教材体系建设,在系统学习、深刻领会党的二十大精神的基础上将其有效融入理论教学和实践教学中,保障党的二十大精神融入法律职业伦理教育的全面性、创新性和有效性。在培养法学生崇高职业伦理意识的同时,提高其思想政治素养,帮助其构建正确的世界观、人生观、价值观,为中国特色社会主义法治建设输送优秀的法治人才。

"双一流"高校历史学科教学中融入铸牢中华民族共同体意识教育的实践研究

李建艳[1] 章 鹏[2]

(1. 四川大学历史文化学院 2. 四川大学化学工程学院)

摘 要：将历史教育与民族教育相结合是我们党开展思想教育的宝贵经验。"双一流"高校将铸牢中华民族共同体意识教育融入历史学科教学，既是做好大学生思想政治教育的需要，也是对历史唯物主义的坚持和发展。在新的历史时期，需要厘清二者的逻辑关系，找到在历史学科教学中融入铸牢中华民族共同体意识教育的价值所在与实践路径。本文将铸牢中华民族共同体意识的逻辑延展于历史教育的样态，通过内生的价值肯定与外化的行为自觉将目标性和合规性统一，从课程设计与教材编撰、第一课堂与第二课堂的视角，在大学生思想政治教育中确立正确的"祖国观、民族观、文化观、历史观"的结构性表达，在历史的回溯与实践总结中体现"双一流"高校的办学初心和育人路径。

关键词："双一流"高校；历史学科；中华民族共同体意识

---

* 本文为四川大学教改项目"中华民族共同体意识融入"双一流"高校历史学科教学实践研究"（SCUSJ05）、"新文科背景下四川大学历史学拔尖人才培养模式创新与实践"（SCUBJ124）阶段性成果。

一、历史学科教育与铸牢中华民族共同体意识教育的逻辑契合

中国是统一的多民族国家，习近平总书记指出："一部中国史，就是一部各民族交融汇聚成多元一体中华民族的历史，就是各民族共同缔造、发展、巩固统一的伟大祖国的历史。"①

回应时代命题是历史学的一贯宗旨，新时期的高校历史教学研究要与时俱进，而从事民族史的学者更应该在响应铸牢中华民族共同体意识这个重要政治战略上，做出更高更广阔的教学研究成果。以铸牢中华民族共同体意识为主线，对新时代各级各类学校民族团结进步教育高质量发展进行全面部署，这是落实立德树人根本任务、铸牢各族师生中华民族共同体意识、巩固中华民族大团结的重要举措，对于促进各族师生广泛交往交流交融，对于实现中华民族伟大复兴中国梦具有重要意义。目前学者们对"中华民族共同体"的研究角度比较广泛，主要集中在对其内涵、价值、培育路径以及与其他工作关系的研究。但目前国内针对中华民族共同体意识融入高校历史学科教学的实践研究较少且不够全面，因此，以在历史学科教学中对高校大学生的中华民族共同体意识培育为方向的研究还可进一步拓展和挖掘。

四川大学作为西部地区规模最大的综合性大学，在服务西部民族地区经济社会发展方面取得了卓越成效，在中国史、世界史、藏学、民族史、民族学等研究领域的学术研究取得了显著成绩并及时将研究成果融入日常教学，推进课程思政与思政课程协同育人。四川大学目前在校少数民族学生5千余人，来自48个民族，占全校学生的15%，学校承担着加强民族团结的思想政治教育重任。《四川大学新时代本科教育改革与发展指导意

---

① 习近平. 以铸牢中华民族共同体意识为主线 推动新时代党的民族工作高质量发展[N]. 光明日报，2021-08-29（4）.

见》中亦强调聚焦"立德树人，深化改革，深化全员全课程思政教育"。近年来涌现了一批国家级、省级"课程思政"示范课程及教学团队，诸如"西藏的历史与文化""中外语言文学与文化专题研究""巴蜀文化"等，并开设"四史"课程，深受学生欢迎。

从中华民族伟大复兴的发展历程来看，历史学科与中华民族共同体发展史融会贯通，两者目标契合、内容互构、关系共生、培育向度一致，聚焦了政党、国家、民族的原生表达，以"习得—感知—认同"的逻辑构建，政治、文化、社会共同体生成机理、调节形式、联结方式的融合与运用，以时间向度和内容向度的结构衔接，充分突出了情感共通的显性特征，也充分发挥了共享文化符号的隐性优势，在互为促进的循环构建中彰显了爱我中华的深层基因，强化了爱国主义教育、民族团结进步的力量汇聚。因此，立足新时代的新文科建设背景，面向新变革，确立在四川大学历史学科教学中融入铸牢中华民族共同体意识教育的教学目标，对贯彻习近平总书记关于深化铸牢各族师生中华民族共同体意识培育的指示，拓展高校历史教育新内涵，培养高素质、拔尖创新型人才，实现立德树人的目标，实现中华民族的伟大复兴等具有重要现实意义。

二、"双一流"高校历史学科教学中融入铸牢中华民族共同体意识教育的底蕴深厚

四川大学一直承担着大量涉藏地区高层次人才培养、干部培训、群众就医、医疗援藏、学科帮扶和联合开展研究等职能和任务，在联系涉藏地区及提升各族干部群众中华民族共同体意识上发挥着巨大作用。另外，四川大学的民族研究工作有悠久的历史以及深厚的传统，早在民国时期就形成了举世闻名的"华西学派"。2000年，四川大学中国藏学研究所获批为教育部人文社科重点研究基地；2020年，中央统战部、中央宣传部、教育部、国家民委将全国10家铸牢中华民族共同体意识研究基地的其中一

家设在四川大学，使得四川大学成为在民族研究领域少有的同时拥有两个国家级重点研究基地的高校之一。2021年底，四川省也把省社科重点研究基地铸牢中华民族共同体意识研究中心设在四川大学。可见，无论是中央还是地方，都非常重视四川大学在铸牢中华民族共同体意识方面发挥的作用。四川大学也一直在贯彻中央关于铸牢中华民族共同体意识的精神和要求，2021年中央民族工作会议后，四川大学党委还特别制定了《四川大学贯彻落实中央民族工作会议精神 铸牢中华民族共同体意识的实施意见》，明确提出"将四川大学建设成为铸牢中华民族共同体意识的特色高地"。[①]

百年川大史学师资阵容强大，开设的各类中华民族史课程较多。四川大学历史学科有百年史学教育经验，形成了鲜明的学术传统和完善的人才体系，现有专业教师104人，包括中央文史馆馆员1人、川大杰出教授2人、国务院学科评议组成员1人、国家级教学名师1人。目前已建设了八百余门课程，形成了"断代史"与"专门史"、"中国史"与"世界史"、历史学与旅游学紧密结合的课程体系。4门国家级精品课程中，"中华文化""西藏历史与文化"都是全校通识课程。"西南民族史""藏族史"等课程在全国影响广泛。学院曾荣获国家级教学成果奖特等奖，编写了国家级和省级教材13部。四川大学历史学科通过"探究式－小班化"与"多学科交叉渗透课程"的教学改革形成了文理工融合的课程建设机制改革。四川大学历史学专业拥有3个一级学科、2个二级学科，5个本科专业，专业内部已形成学科交叉的良性循环。

四川大学历史学科在重大科研项目中取得了突破性成果，为铸牢中华民族共同体意识教学的开展提供了雄厚的科研支撑。如霍巍教授主持完成

---

① 励轩. 高校加强铸牢中华民族共同体意识教育的路径探寻[J]. 中国民族教育，2023（1）：36-38

的国家社科基金重大招标项目"文物考古中西藏与中原关系资料的整理与研究"获国家出版基金资助。石硕教授主持完成的"大型藏区地方史《康藏史》编纂与研究"入选"国家社科文库"。何一民教授主持的"20世纪中叶以来西藏城市人居环境发展变迁研究"取得阶段性成果。李德英教授主持的教育部重大项目"三线建设历史资料收集整理"反映了社会主义建设时期中华民族共同体形成和发展的过程。

四川大学历史学科具有多个国家一流本科专业建设点和高质量的研究平台，为铸牢中华民族共同体意识教学开展提供了实践基地。四川大学历史学科拥有中国史、考古学、旅游管理、会展经济与管理四个国家一流本科专业建设点，国家级考古学实验教学示范中心，古籍整理研究所和中国藏学研究所等国家级研究平台；有拥有8万多件藏品、中国高校历史最悠久的四川大学博物馆作为支撑。此外，四川大学历史学科与哈佛大学费正清中国研究中心、圣路易斯华盛顿大学国际山地考古实验室等国外高水平机构合作，扩大了国际影响力。

三、"双一流"高校历史学科教学中融入铸牢中华民族共同体意识教育的实践路径

1. 以铸牢中华民族共同体意识为中心，加强顶层设计，制定民族史课程建设实施意见

历史学科教学中融入铸牢中华民族共同体意识可为坚定大学生文化认同和民族团结意识提供依据。文化认同是促进各民族团结合作、互助共享的精神纽带，在中华民族多元一体格局的基础上，从历史教学方面论述中华各族儿女共同创造了光辉灿烂的文化，可达到促进大学生坚定文化认同的目的，对坚定大学生的民族团结意识具有积极作用，有利于提升大学生的思想道德素养；引导大学生坚定中华民族共同体意识，有助于大学生肩

负起维护民族团结和国家统一的历史使命，为中华民族的伟大复兴而奋斗。为此，应加强顶层设计、坚持分类推进、深化课程改革，优先打造一批示范课程，选树一批优秀教师和教学团队，形成中华民族史通识课程群的整体实施意见并加以推广。

2. 加强文理工科在历史教学课程和人才培养上的深度融合

在历史学、考古学、民族学、人类学、语言学、管理学等人文学科的基础上，可吸收分子人类学、遗传学、计算机科学、环境科学等理工科的参与，通过多语种、多视角、多文化、多民族、多学科的研究方法和理念，将中华民族多元一体格局的历史发展脉络梳理清楚，深入挖掘铸牢中华民族共同体意识的历史贡献与当代价值。

3. 深化第一二课堂衔接融合，提升第二课堂育人效果

深入挖掘第二课堂中铸牢中华民族共同体意识的教育元素，将"读万卷书"与"行万里路"相结合，深入民族地区或铸牢中华民族共同体实践平台基地开展多种形式的社会实践、志愿服务、实习实训活动，拓展课程建设方法和途径。依托校外实践基地等平台互补共进，使第一课堂的知识在实践中得到巩固和提升，使铸牢中华民族共同体意识的培养从教室中走出，进入更广阔的民族地区，让学生通过切身的交流、感知与理解来进一步加深他们对中华民族多元一体格局和"四个共同"（共同疆域、共同历史、共同文化、共同精神）的理解和认识。

4. 加强榜样核心通识课程与示范团队建设，充分利用中国大学慕课等各级智慧教学平台，多方位推广四川大学历史学科教学中融入铸牢中华民族共同体意识的育人体系

大力强化教师在课程讲授中铸牢中华民族共同体的主体意识，以思想引领和价值观塑造为目标，依托基层教学组织与基层学术组织，以课程组、教学团队建设为载体，以课程研讨、专题培训、示范引领为抓手，提

升教师队伍的整体水平和课程思政育人能力，切实发挥教学名师、师德标兵、教学能手在课堂教学改革中融入中华民族共同体意识的带头示范作用。

四、结语

高校历史学科教育与铸牢中华民族共同体意识教育有着明确的历史逻辑、理论逻辑和实践逻辑，二者在内容和意义上存在高度的契合。审视高校历史学科教育的系统整合与融入思想政治教育的作用规律，铸牢各民族学生的中华民族共同体意识，是"双一流"高校育人的问题聚焦和红色基因的归属共鸣。从"知—情—意—行"的认知逻辑出发，从第一课堂与第二课堂、教材建设与课程建设融合的角度，在历史学科教学中融入铸牢中华民族共同体意识教育，引导各民族大学生掌握正确的历史观，理解铸牢中华民族共同体意识的深刻内涵和内容结构，把握二者的内在联系，以此生成正确的认知和情感认同，形成稳定的意志和价值观念，并内化为各族大学生自觉行动，从相互关联、相互依存的关系出发，优化了思想教育的话语逻辑、内容方式，从范式创立与模式的建构中找到协同路径，由历史走向价值，从经验提炼到实践理念，蕴含着建构性与系统性、发展性与实践性的统一。[①]

[①] 杜娟，蒋明. 逻辑、价值与实践：民族高校四史教育融入铸牢中华民族共同体意识教育的思考[J]. 民族学刊，2022，13（11）：28—34.

面向工程实践的自动化专业"计算机网络与通信"课程"三进"教学改革研究

杨 波

(四川大学电气工程学院)

摘 要："计算机网络与通信"课程组面向工程实践，构建学院、企业、教师"三位一体"联动机制，采用线上线下相结合的多样化教学、校企深度融合实践等多种方式，从站位有高度、谋划重精度、推进强力度、落实升温度四个维度上进行党的二十大精神"三进"教学改革的思考，并通过加强德育和工程伦理教育，加深校企融合，打造专业理论教学、热点案例探讨、课外实践操作加项目任务式混合教学模式，实现师生能力双提升。在全方位打造面向工程实践的课程教学体系、实践党的二十大精神"三进"教学研究和改革过程中有效推进"五育并举"，切实落实"三全育人"，全面提升教学质量，从而实现学生从理论知识到实践能力的转化，为社会培养德才兼备的新一代人才，更好地探索和实践自动化专业面向工程实践的人才培养模式。

关键词：自动化；计算机网络与通信；"三进"教学改革

一、引言

"计算机网络与通信"是电气工程学院针对本科学生开设的一门院级平台课。对自动化专业而言,其培养目标是使学生"具备运用自然科学与工程技术基础知识、自动化专业知识分析和解决复杂工程问题的能力,能够在控制理论与工程、检测与仪表、计算机与网络、信息处理等领域从事自动化装置与系统的研究与开发、分析与设计、运行与管理等工作,成为在自动化及相关领域具有良好的人文底蕴、创新意识和国际视野的高素质综合型人才"[①]。这一目标充分描述了此门课程的重要性,而进行新工科课程的建设,贴合工程实践进行教学改革研究,让党的二十大精神"进教材、进课堂、进头脑",这是时代赋予高校教师的责任和使命。

二、存在的问题

"计算机网络与通信"是21世纪中国高等教育重点发展的课程,其教学围绕TCP/IP网络体系结构展开,因其理论性强、概念多、知识点琐碎等特点,学生较难把握和理解。另外,由于实验环节设计相对滞后,和当下数字经济、人工智能、网络安全、个人数据保护等新兴应用技术脱节较大,学生对于目前主流路由器、交换机、防火墙、入侵防护、微隔离等网络设备、安全技术以及工程实际应用体会不足,缺乏对实际工程相关的案例进行分析的经验,缺少直观的感受和认识,在从知识到能力的转化上还有所欠缺。

如何在理论教学和工程实践应用中搭建桥梁,在教学和工程实践中践行"具有高度的社会责任感、高尚的职业道德和良好的人文社会科学素

---

① 四川大学电气工程学院.四川大学自动化系本科专业评估自评报告[R].成都:四川大学,2022.

养，在社会、道德和法律的范围内工作"[①]的培养目标，如何能"贴合工程实际，主动跟踪本专业国内外技术发展趋势，不断掌握新知识、新技能，并创造性地运用于工作中"[②]，如何在课堂和实践中引入信息系统新技术、新设备、新应用，面向工程实践，培养具有高度的社会责任感、高尚的职业道德和良好的人文社会科学素养的现代化人才，都是我们需要探索并解决的问题。

三、"三进"改革思路

2022年，党的二十大胜利召开，党的二十大精神为我们实施"计算机网络与通信"课程面向工程实践的"三进"教学改革提供了重要的理论指导。2023年是全面贯彻落实党的二十大精神的开局之年，也是实施"十四五"规划承上启下的关键之年，高校教师更应以习近平新时代中国特色社会主义思想为指导，学习党的二十大精神，深入贯彻习近平总书记关于教育的重要论述，推进党的二十大精神"进教材、进课堂、进头脑"，抓住"教学质量提升"的主基点，扎实推进"以学为中心"的教学改革，促进学生德智体美劳全面发展。在具体的教学和实践过程中，我们认为，推进"三进"教学改革，提升教学质量，主要应从以下四个维度进行思考。

（一）"三进"教学改革站位要有"高度"

大学课堂是学习宣传习近平新时代中国特色社会主义思想和党的二十

[①] 四川大学电气工程学院. 四川大学自动化系本科专业评估自评报告［R］. 成都：四川大学，2022.
[②] 四川大学电气工程学院. 四川大学自动化系本科专业评估自评报告［R］. 成都：四川大学，2022.

大精神的主阵地。① 高校教师处于教学改革的最前沿，在进行专业知识教学的同时，需要在教学和工程实践改革中站位有高度，始终以高度的政治责任感、使命感，肩负起学习、研究、宣传、贯彻和落实党的二十大精神的光荣使命，致力于推动党的二十大精神进教材、进课堂、进头脑。

（二）"三进"教学改革谋划要重"精度"

在"三进"教学改革中，教师要密切关注"计算机网络与通信"课程实际情况，结合当前网络信息化建设的热点话题，合理规划，用科学系统的方法进行精细度的划分，实现课程知识结构的优化、教学资源的精细化、教学方法的多样化以及教学环境的科学化，将科学技术的理念和方法贯彻到教学实践改革中，以有效地激发学生的学习兴趣、增强学习效果为着力点，创新落实、扎实推进"三进"教学改革。

（三）"三进"教学改革推进要强"力度"

"三进"教学改革的最终目标是"进头脑"，这就需要明确责任主体，需要强化学生学习的主体意识，充分调动学生自主学习的主动性、积极性。在"三进"教学改革推进力度上可以充分发挥学院统筹、企业实训和教师实践改革的三层角色三位一体的作用，坚持以学生为中心，以重视学习成果为重点，注重培养学生自主学习能力，从而提升教学质量。

（四）"三进"教学改革落实要升"温度"

教和学是一个相互促进的过程，师生在教学实践过程中，可以加深师生情谊，教学相长。要在小组交流、线上线下交互、共同参与工程实践的

---

① 张京泽. 全面推动党的二十大精神"三进"工作[EB/OL]. (2023-01-11)[2023-02-23]. https://www.neac.gov.cn/seac/xwzx/202301/1160026.shtml.

过程中，形成一个"三进"教学改革的共同体，有效打造面向工程实践的专业育人教学体系。在这一过程中，教师将实现从课堂理论讲授者到"大创"、生产实践和毕业设计指导者，甚至到毕业后人生导师的角色演变。教师要从专业角度去整体地考虑学生成长，做好师生关怀示范点、示范带，从学生的学习环境和成长氛围上全面而深刻地影响学生，让"三进"教学改革的落实提升到一个更加温暖的"温度"，让学生的学业和品德成长从德治、智治有效转变为学生的自治，让学生从"要我学"转变为"我要学"，真正成为具有高度的社会责任感、高尚的职业道德和良好的人文社会科学素养，具备优秀专业知识和技能的有用之才。

四、教学改革举措

（一）找准教学质量提升的根本点，加强德育和工程伦理教育

教书育人，提升教学质量，其根本点和基础在于培养合格的人才。合格的人才不仅仅表现在专业知识和技能上，也不仅仅局限于具备现代化的思维和国际视野，更重要的是具有高度的社会责任感、高尚的职业道德和良好的人文社会科学素养，这样的人才才是为国家培养的，才是我国的社会主义现代化建设所需要的。

"计算机网络与通信"课程面向的正是社会主义现代化建设的最前沿。网络信息化建设的日新月异和网络信息安全的严峻形势形成鲜明的对比，在教学改革过程中，我们要在注重培养技术能力的同时，尤其重视结合党的二十大精神进行德育教育和工程伦理教育，并将之落实到教学大纲中，用以指导教师的教学过程。

针对工程实践需要，我们在制订面向实践的"计算机网络与通信"课程设计方案时，应利用时事热点的研讨，将工程伦理问题和实践经验融入教学中，同时结合"斯诺登事件""中国IPv6建设历程""芯片卡脖子"

等教学案例，引导学生深入了解行业实际和职业道德规范，培养学生的社会责任感和家国情怀，提高学生的公民素养，增强学生的国家认同感和民族自豪感。通过时事案例结合课程理论的教学，现阶段的学生已普遍认同了"坚持社会责任感、坚持高尚的职业道德"，这得益于我们在本科教育中牢牢地抓住育人这一基准点，促进党的二十大精神和时事热点"进教材"，并抓住"三进"教育工作的核心和关键"进课堂"，实现"三进"教育工作的目标"进头脑"，从而让"三进"教育工作落实到课程教学和实践改革中，形成一个相互联系、密不可分的有机整体。

（二）找准教学质量提升的着力点，加强校企融合，打造专业理论教学、热点案例探讨、课外实践操作加项目任务式混合教学模式

在"三进"教学改革中，我们以有效激发学生的学习兴趣，增强学习效果为着力点，实现"走出去，请进来"，加强校企融合，打造专业理论教学、热点案例探讨、课外实践操作加项目任务式混合教学模式，坚持守正创新，扎实推进"三进"教学改革。

根据课程教学改革方案，学生在进行理论学习的同时，以四人小组为单位完成网络信息化建设实践项目。小组成员自行分工协作，各司其职，其中一名学生以小组组长和项目经理的角色组织团队，对整个项目负责。项目任务来源于企业的计算机网络信息化系统、晶元自动化制造系统，学生需要从基础网络的搭建、应用系统的接入与控制、管理信息系统等多个方面来综合考虑问题，需要从网络架构的规划设计与实施、路由交换的选型设计配置、网站设计、邮件系统设计、域名系统设计、信息安全系统规划、系统安全架构设计等多环节上进行多方面的学习和实践。期末以报告加实践成果的方式提交项目规划设计及实施报告，这将作为课程成绩的一

部分。①

针对上述复杂系统问题的解决，学院提倡团队共赢，在项目中凝练多项团队协作工作，鼓励学生以小组方式通过合作完成计算机网络项目的设计和实施，培养学生的团队协作精神。在协作过程中，学院也将通过开展公开演讲、小组共同评议、竞争上岗和申请外援等方式培养学生的社交技能，如演讲、谈判、沟通等，使学生具备与其他专业人员进行良好合作的素质。在实践过程中，教师通过对学生的训练与指导，引导学生关注国家网络安全战略和互联网网络安全问题，培养学生的安全意识，并注重引导学生理性思考，加强理论知识的落地转换，让学生更好地将计算机网络知识应用于真实的工程项目中，有效增强学生的实际操作能力和工程素养。

目前，在校企融合方面，学院已和中航成都发动机集团公司、四川长虹电子科技有限公司、四川飞阳科技有限公司等多家企业进行了合作项目实践，定期派遣青年教师深入实践第一线，实现学院和企业联合培养，提升教师工程实践能力。定期开展专家讲坛和学生课题训练，并将实践项目延伸到学生的生产实习以及毕业设计阶段。另外，学院在校企融合教育实践基地以及企业的选择上专注于专业培养方向，锚定信息化行业的主流企业，定期进行更新和升级替换。在工程实践过程中，通过校企双方通力合作，在"进教材、进课堂、进头脑"上保持高度一致，共同推进"五育并举"，切实落实"三全育人"。

（三）找准教学质量提升的关键点，实现师生能力双提升

"三进"教学改革的最终目标是"进头脑"，应充分发挥学生自主学习的核心作用和专业教师的指导作用，应坚持"以学生为中心，以重视学习

---

① 杨波. 知明行笃，博观约取——以自动化专业《计算机网络》课程建设为例浅析交叉学科项目式教学辅助方案［C］//2019全国自动化教育学术年会论文集. 北京：清华大学出版社，2020.

成果为重点，注重培养学生自主学习能力"。

  首先，从教师自身做起，重视教师的专业技能培训，提高教师的教学水平、实践能力和思想素养。近年来，课程组多次派遣教师参加全国自动化教育学术年会、自动化教指委专项课程研讨会等会议，多名教师在大会做计算机网络课程教学改革、自动化专业校企融合实践教学改革的报告和分组讨论，向自动化教育领域的专家取经，和其他学校的教师交流经验。在日常教学环节中，学院通过专业培养、教学督导、课程组研讨等方式对教师进行能力提升并引导教师注意工程伦理和工程意识教育，以此带动和引导学生积极参与实践。

  其次，课程组从教学资源的精细化、教学方法的多样化、教学环境的科学化多处发力，充分利用中国大学慕课的精品课程资源，结合爱课堂、腾讯课堂、线下课程教学、案例探讨、课外实践操作加项目任务式的教学模式进行教学改革。① 在教学环节中将基础理论知识和应用能力进行有机结合，注重实践性，并在现有教材的基础上，将党的二十大精神与网络安全等级保护、个人隐私数据保护等热点按照专题研讨的方式有机结合，使学生学习更贴合现实状况和工程实际。在此基础之上，课程组充分利用川大科学化的教学环境和良好的学习条件，从技术设备、软件等多方面加强支持，搭建良好的网络教学环境，并以川大优秀的教学软件、多媒体教育平台等现代化信息技术为依托，结合校企深度融合，积极引入华为、思科等网络技能训练模拟软件，在实验环节加强学生面向工程的网络实践能力的培养，在校企联合设计的项目式任务课题中进行有效实施和能力验证。例如，"某信息中心网络安全等保三级设计与改造""飞阳园区网络设计与实施"等一批项目进入历年的学生"大创"和毕业设计课题，有助于从更

---

① 杨波. 知明行笃，博观约取——以自动化专业《计算机网络》课程建设为例浅析交叉学科项目式教学辅助方案[C]//2019全国自动化教育学术年会论文集. 北京：清华大学出版社，2020.

多的维度去检验学生从理论知识到实践能力的转化效果。

课程组教师也切实面向工程实践，做好学生由理论知识到实践能力转化的桥梁和催化剂，通过多样化的教学方法，培养学生分析、解决问题的能力和创新能力，培养学生自主学习能力。教师们通过学校、企业、学生三方定期评估，设立反馈机制，并采用笔试、研讨、实验报告、项目实践等多种方式对学生进行考核，综合评估课程改革效果，适时调整"三进"教学改革的实施方案，保证"三进"教学改革工作的高效实施。

五、结语

在近些年的改革实践中，经过师生的共同努力，"计算机网络与通信"课程已成为深受自动化专业学生喜爱的实践型课程，课程组教师连续多年获得四川大学"课堂教学质量优秀奖"。

在学院、教师、学生和企业共同努力下，我们共同打造了专业理论教学、热点案例探讨、课外实践操作加项目任务式混合教学模式，并将"三进"教育改革融入工程实践应用中，通过加强德育和工程伦理教育，有效提升了教师的教学能力和学生的学习能力，促进学生完成理论知识到实践能力的转化，有效培养学生的工程实践能力，为学生在毕业后成为专业工程师打下了良好的基础，也为校企深度融合找到新举措、新方法，践行了面向工程应用的新实践[①]。

从改革实践中，我们也发现了一些需要进一步进行改革的地方，其一，计算机网络技术发展速度快，传统的计算机网络课程教材难以及时跟进最新的技术和标准，导致在信息化时代中学生的求知需求与教材存在一定的时间上的脱节；其二，进行计算机网络实验需要一定的网络环境和设

---

① 杨波."计算机网络与通信"课程教学模式改革探索与实践［M］//道术融合 研教相长：四川大学教学学术创新探索与实践. 成都：四川大学出版社，2022.

备支持，而实验室设备更新换代赶不上新技术和新设备的迭代，最新的网络安全类设备实验室通常无法提供，实验设备和环境限制在一定程度上影响了教学的效果；其三，计算机网络技术的快速发展意味着很多版权资源容易从互联网获取，如何有效保护知识产权变成一个重要的问题，在教学中师生应主动了解和学习知识产权的相关法律法规，进一步引导学生重视知识产权的保护。

总而言之，党的二十大精神"三进"教学改革为自动化专业面向工程实践的"计算机网络与通信"课程找到新时代改革发展的新指导思想，学院、企业、教师共同为"三进"教学改革提供了良好的实施保障，校企深度融合为工程实践中的"三进"教学改革提供了优秀的实践平台，师生协同，笃行不怠，结合工程实践多举措进行"三进"教学改革的研究和探索，积极有效推进了"五育并举"，切实落实了"三全育人"，为全面提升教学质量，培养德才兼备的新一代人才，为探索和实践自动化专业面向工程实践的人才培养模式做出了有益的尝试。